陪　伴

和孩子一起成长

主　编: 刘论祥

副主编: 王绍坤　盛盈盈

编　委: 蔺龙飞　姜修亮　曹永婧

孙　婧　姜文正　王晓然

王广洲　甄世宾　李锡庆

张马成

中国海洋大学出版社

· 青岛 ·

图书在版编目（CIP）数据

陪伴：和孩子一起成长/刘论祥主编. -- 青岛：
中国海洋大学出版社，2023.5

ISBN 978-7-5670-3476-1

Ⅰ. ①陪… Ⅱ. ①刘… Ⅲ. ①家庭教育 Ⅳ. ①G78

中国版本图书馆CIP数据核字（2023）第067431号

出版发行	中国海洋大学出版社
社　　　址	青岛市香港东路23号　　　　邮政编码　266071
出 版 人	刘文菁
网　　　址	http://pub.ouc.edu.cn
电子信箱	1922305382@qq.com
订购电话	0532-82032573（传真）
责任编辑	邵成军　　　　　　　　电　　话　0532-85902533
印　　　制	青岛国彩印刷股份有限公司
版　　　次	2023年5月第1版
印　　　次	2023年5月第1次印刷
成品尺寸	170 mm × 230 mm
印　　　张	8.5
字　　　数	130千
印　　　数	1～1 000
定　　　价	35.00元

序　言 ◀

人们常说教育是一项系统工程,家庭教育是一切教育的基础。蔡元培先生说过:"家庭是人生的第一学校。"家庭教育在孩子的成长过程中具有无可替代的独特作用。家长是孩子第一任老师,也是终生的导师。

中华全国妇女联合会的一份资料表明,我国有接近3/4的家长教育方法欠妥或有严重偏离,只有不到1/4的家庭教育比较科学。很多专家呼吁家长们不要以为教育孩子可以无师自通,应该通过不断学习树立正确的教育观念,掌握科学的教育方法。

工作室老师撰写此书试图破解家长们关注的热点问题,从更新家庭教育理念到指导实践操作,字里行间渗透着工作室老师对家庭教育观念与行为的思考与创新,凝结着多年教育教学的智慧,体现着对孩子们成长发展的关爱。

孩子是我们的明天,具有无限的发展可能,是学校教育主体,是每个家长心中光芒四射的太阳。学校和家庭共同呵护,让孩子健康成长,是我们不变的期盼;爱孩子是我们的责任,只有爱才能传递爱。一个心中有爱的孩子,他的品行就有了根基;一个有根基的人,他就有能力创造幸福。让我们以学习的心态,陪伴着孩子一起成长!

刘论祥

引　言 ◀

　　高中生正值花样年华，然而青春期并不总是阳光灿烂的。高中阶段是一个特定的年龄阶段，高中生心理处于半幼稚、半成熟的状态，具有明显的独特性和过渡性。这一阶段随着课业负担的加重、竞争的日益激烈、自身思维意识的发展，学生比较容易出现心理健康问题。基于以上情况，编者特撰写本书，以期为广大家长提供有益的参考与借鉴，架起学校教育与家庭教育的桥梁，共同促进孩子的健康成长，实现生命个体由自然人向社会人的转化。

　　本书主要分为三编。第一编的内容以学习和考试为核心，着重介绍一些在学习和考试方面家长重点关注的热点问题。例如，初高中衔接、高考志愿填报、有效的时间管理、如何看待考试成绩等热点问题。高中生学业繁重，学习任务艰巨，难免会遇到学习受挫、考试失利等问题，不少学生出现学习积极性减退、学习压力剧增的现象，而家长们更是不知所措，如临大敌。本编阐述这一方面的内容，除了让家长借鉴他人经验之外，更希望各位家长能够指导孩子正确面对学习和考试，提高抗挫能力，缓解学习压力，提升学习的幸福感。

　　第二编的内容以人际交往为核心。报告显示，75%的高中生觉得和父母交流时有障碍，55.5%的高中生与父母以外的人交流时有障碍，由此可见高中生交往问题非常突出。本编着重介绍人际交往方面家长和孩子应当注意的一些问题。例如,如何与高中老师更好地沟通、如何正确面对异性交往、高中生手机使用问题的有效沟通、单亲及贫困家庭孩子培养建议,引导孩子多与父母交流,并协助孩子妥善处理其他人际关系。

第三编的内容以教育智慧为核心,着重介绍在指导孩子成长方面如何做一名智慧的家长。在社会快节奏的大背景下,越来越多的孩子表现得不积极、不阳光,他们认为家长不理解自己,活得不快乐,也没有任何追求,整日浑浑噩噩。这并非个别现象,也不是仅依靠孩子自身或者家长单方面就能解决的,需要双方的共同努力。本编以案例的方式呈现工作室老师的教育智慧,引导家长关注孩子的身心健康,并促进他们自我成长,提升幸福感。

衷心祝愿所有阅读完这本书的家长能够更新教育理念,促进孩子们健康、快乐地成长。

目　录 ◀

第三编 教育智慧

第一编 | 学习考试

如何做好初高中衔接

山东省平度经济开发区高级中学　王绍坤

　　每年九月份过来咨询的家长特别多,主要聚焦于高一孩子们学习、生活方面的众多不适应所引发的一系列问题。我发现,过来咨询的家长很喜欢拿孩子小学、初中的表现和高中做对比:"怎么以前学习挺优秀的,高中就不出色了?""以前挺听话懂事的,现在怎么就不让人说了呢?"我想,家长要弄明白孩子的变化,首先要了解高中阶段学校和孩子成长的特点。那么,高中和初中到底有什么区别?是不是就是有些家长认为的从一所学校进入另一所学校而已?作为家长,我们如何协助孩子尽快顺利地适应高中生活?下面我和家长们分享我个人的几点看法。

一、学习方面的不同

　　据我的了解,60%的高一学生存在学习方面的不适应。就知识内容而言,知识量增多、难度加大,用孩子们的话说就是有种撞墙的感觉,特别是进高中后第一次考试,很多孩子会有比较大的落差。重点是高中知识不再是识记为主,而是重理解,初中讲的是是什么的问题,高中讲的是为什么的问题。高中对孩子们独立思考的能力及对知识进行归纳、总结、系统整合的能力有更高更深的要求。学习方式方面,初中大部分孩子在老师、父母或辅导机构人员的监管下做作业,孩子学习较被动,依赖性特别强;而高中基本都住校,脱离了家长等人员的监管,知识的整理、作业都要靠学生自主完成。简单说,就是以前逼着他去学,现在变成他自己主动去学!这样,自制力差点的孩子在高中学习中成绩下滑成为一种必然。授课方式方面,初中采用的是直观形象式的授课,加之课程进度慢、时间多,老师可以对某个知识点反复讲解,有些难点可以针对部分学生做到具体辅导;而高中授课注重的是知识的过程分析,提倡学生独立思考,加之高中课程进度快、时间紧,学生有问题老师才去解答。

可以说,从初中到高中,孩子在学习方面会有一个比较大的跨越,你仅用初中的学习方法和思维习惯显然已经不适应高中了。这就是为什么很多优秀的初中生上了高中成绩下滑的原因。不一定是孩子不努力,家长不明白其中内在原因,只是一味地指责孩子,孩子也委屈,导致亲子关系越来越紧张,甚至个别孩子产生了厌学情绪。

二、生活方面的不同

初中生一般不住宿,但高中大部分学生住宿,孩子们都面临着一个问题——想家。马斯洛五种需求理论说,人首先满足生理需求和安全需求,才有更高的社会需求和尊重需求,最终追求一种自我实现。孩子想家是因为他的安全需求和社会需求有了缺失,孩子从一个小家庭走出来,还没及时融入学校这个大家庭,很容易就会产生孤立、不安全感,但新的归属感又没建立起来,所以就想念亲人。家长可以观察一下,如果你的孩子独立性很强,社交能力很强,想家的表现就弱很多。然而,现在我们家长普遍宠孩子,不舍得、不忍心让孩子独立,怕他吃苦受累,一切包办,即便高中住校要求孩子生活自理,家长也竭尽所能地给孩子尽可能多的照顾。我们这种自以为是的关爱最终培养出的孩子就是做事没激情、做人不感恩。

前段时间贵州暴雨多日,一所师范门口积水,网上一张环卫阿姨背着大学生们过水的照片引发了一场社会热议。固然孩子们的行为很是可笑,可阿姨的行为我也不太赞成。虽然她能像母亲一样把这些学生当作自己孩子背过去,可他们的未来、他们的挫折、他们的担当、他们的责任,谁来给他们背过去?我们的孩子你脚都不让他沾水,他拿什么摆渡以后的人生?我们总是一味谴责孩子没担当、不吃苦,可我们更应该思考又是谁剥夺了让孩子们脚沾水吃苦的权利!

三、管理方面的不同

从学校外环境方面说,高中基本是住校式、封闭式管理,比初中严格很多,由松变紧了。但实质上对学生自身内环境而言,因为高中脱离了家长的监管,提倡学生学习自主,生活自理,从这个角度上说却是由紧变松了。很多学生茫然不知所措,不知道自己要干什么了,没计划,没目标。

四、心理方面的不同

想要帮助孩子,先要了解孩子的心理。高中孩子的心理一般有这么几个特征。(1)成人感与幼稚性并存。高中生的智力发育已达成人水平,他们要求我们一切应以成人的方式给予他们信任和尊重,但因他们缺少社会阅历,很多想法带有片面性和表面性,也就是我们大人所说的幼稚。(2)反抗性与依赖性并存。高中孩子有着强烈的独立意识,他们对一切都不愿意顺从,常处于一种与我们成人抵触的情绪之中。但他们又依赖我们,希望能从我们这里得到经济上的支持和精神上的理解。(3)闭锁性与开放性并存。高中生的内心世界逐渐复杂,不太喜欢和我们大人交流,有了自己的小秘密,但他们却很容易对同龄人吐露心声。这一特点导致孩子们很容易早恋、网恋。所以我们高中更提倡父母要和孩子做朋友,多关心孩子,多和孩子沟通。(4)可变性与固执任性并存。高中生情绪特别不稳定,时而高兴,时而莫名悲伤,变化很快,可对于他们认定的事有时就特别固执,爱钻牛角尖。(5)高傲与自卑并存。高中生还做不到对自己做出全面而客观的评价,往往仅凭自己一时的感觉就对自己轻易下结论。偶尔一次成功就沾沾自喜,偶尔失利就觉得自己一无是处。

可以说,高中阶段的孩子是矛盾的综合体,心理比较敏感,容易产生失落、孤立、逆反的情绪。如果我们引导不到位,就会引发一系列的不良行为,比如早恋、抽烟、打架、网瘾。

那我们作为高中生的父母,如何协助孩子们尽快地度过这个彷徨期,顺利地适应高中生活呢?针对以上提到的几个问题,我和家长分享几点建议。

一、转变意识,提升陪伴质量

高中生和父母在一起的时间很少,但家庭教育的职能却没有消失,你始终是孩子的父母,你有责任有义务去关注陪伴孩子。有的家长就没有意识到这一点,感觉孩子送到学校里就与他们无关了。记得高二上学期大休回来有一个家长给我打电话,他说某某生病请假,我没有反应过来,因为我们班没有这个学生,后来我想起原来这个学生在高一分班之前跟我上过。即便是有些家长意识到这一点,也只是和孩子谈谈学习。记得一次大休,一个孩子坐在我办公室不走,她说感觉学校不好,回家更不好,好不容易回次家,一进门父母就唠叨学习。这是现在很多家长的通病,比较注重子女的学业监督和教育投资,而忽视了孩子的心理支持和情感呵护,岂不知孩子只有心理健康了,情感愉悦了,才能安心努力地学习。孩子大了,心事多了,想法也多了,我们家长不要只做孩子学习的掌控者,而应该学着做孩子的朋友,做孩子倾诉的对象,多去倾听孩子的故事,如关注一下孩子在校的生活状态,和老师、同学之间的相处如何,谈谈孩子最近喜欢的事物爱好。家长都听过一把沙子的故事,你把手攥得越紧,沙流失得就越快,相反,你把手松一松,结果却不一样。孩子也是这样,他需要一个宽松的环境,一个能理解、容纳他喜怒哀乐的家庭。

二、配合学校,加强家校沟通

我们说无规矩不成方圆。学校的规章制度自有它育人的道理,家长们必须遵守。比如,现在有个普遍的现象就是孩子带手机。最近网上有一段视频很火,是河南某中学举行了一个手机销毁大会。我们暂不论学校的做法是否恰当,但它的确反映了一个问题:手机已经严重影响了孩子的健康成长。给孩子买手机,可能家长最初的目的是方便与孩子联系。如果仅此而已,老师们都有手机,如果有什么特殊的事情,可以用老师的手机联系。如果觉得不方便,可以给他买个老人机,为什么要去买智能机?孩子们的手机在校主要用于玩游戏、网聊、看电子版小说。有的是出于攀比的心理,别人都有我也要有!用于跟家长联系的功能少之又少。其实学校规定孩子是不能带手机的。可现在的家长好似对这一制度认可度不高。对于这种现象我们也杜绝不了,所以说我们只能本着为孩子负责的态度尽学校之所能,每次大休回来班主任都忙着让孩子们把手机上交替他们保管,回家的时候再还给他们。有些孩子听话交上来,可有些孩子根本就不交!所以猫捉老鼠的游戏天天上演,孩子趁着老师不注意就赶紧玩,"运气"不好被老师逮着没收了,就天天追着要,更可笑的是家长也跟着要,我听到最多的理由是"孩子小不懂事,下次就改啦"。就因为孩子小不懂事,所以我们更应该教会他什么是规矩。犯错不可怕,犯错接受处罚就是了,让他学会为自己的行为负责,可怕的是家长不但不帮他改正错误,还在这助长他犯错。我们要知道好的孩子是一幅阴阳八卦图,关爱不可少,但管教更重要,现在不管他,总有一天社会会替你狠狠地教训他。比如前几年我班有个学生大休结束没回学校报到,我打电话问,家长说上学了,结果我根本就没看见人,一个大活人找不着了。老师、家长急得像热锅上的蚂蚁,我就问这孩子最近在家有什么异常,因为他是走读的嘛,家长跟我说这段时间孩子总是半夜三更地在被子里玩手机,我们就开始通过他的 QQ 聊天记录寻找蛛丝马迹,结果真是网恋了,见网友去了。幸亏及时安全找到。家长还一脸困惑,自言自语:"哎,你说说这孩子怎么还这样?"家长应该问问自己,孩子半夜三更玩手机你不管,还觉得玩手机是小事,如果你一次次地放纵这些所谓的小事,哪天就会出大事。我们说教育无小事,事事要细心,在孩子身上永远没有小事。你既然发现问题了,还不第一时间跟老师沟通?毕竟老师接触的孩子多,对于孩子一些问题的敏锐度和预见度自然比家长高很多,有些事情老师和学校是可以做到提前预防的。这个孩子幸亏找到了,不是有很多最后找不到的吗?!所以有什么问题希望家长及时与老师、学校联系。家长和学校应该是亲密的战友和同盟军,不是敌对关系,只有我们双方携手,孩子才能有好的未来。

三、大胆放手,用心细致观察

我说的放手不是家长甩手什么也不管了,而是放手让孩子干力所能及的事,增加孩子的体验,锻炼孩子的各种能力,但家长时刻要用智慧关注孩子的变化并能及时引导。记得我家孩子上一年级第一次期中考试,考试前一天晚上我看我们班家长群里像炸锅一样,各种问题各种担心,也就是不能替孩子考试,能的话估计都去了,而我对孩子考试的事只字未提,只是比往常她做完作业多观察了她一下。我看她收拾书包的时候嘴里念念有词地说:"铅笔、橡皮、尺子……"最后我看她拿出一张纸,我好奇地过去看了看,她自己歪歪扭扭地记着考号和考场。其实孩子远比我们想象的独立、坚强、懂事得多。只要我们舍得放手,孩子就会不断地给我们惊喜。前段时间我校组织了一次家长进校园的活动,一位家长感慨很多,回家写了一篇文章,我们以这篇文章为题材做过一期宣传片《放心地放手,放手地成长》,还引起了青岛教体局的关注。我从里面节选了一部分内容和家长分享一下。大家会从中有所启发。"1. 我担心地问:'那么早,他们能起得了床吗?'想想儿子在家睡懒觉,叫都叫不起,而现在自己却能早早起床,看来学校管理还是有一套的。2. 儿子在课堂上表现得很活跃,和同学之间的讨论也很多,一点不像那个在家不愿跟我说话的儿子,我都有点怀疑那位同学是不是跟儿子长得比较像的其他人。3. 别人家的孩子不知道,我儿子长这么大,在家可不曾自己叠过被子,收拾过屋子。打开宿舍门,找到儿子的床铺,我以为自己找错了:铺面整洁,被子叠得方方正正,枕头放在被子旁边,床下的脸盆里,洗漱用品摆得整整齐齐。这真的是儿子的吗?也许是我真的在家太娇惯他了! 4. 我们几个家长在操场边聊起孩子,原来他们跟我一样的感受。其实孩子是能做好的,可是父母却舍不得孩子去做。如果我能更放手一些,儿子会进步得更大! 确实如此啊!"

其实,在教育孩子的过程中我一直秉承一种理念:做个什么样的人比做学问重要得多。我们家长一定别让我们所谓的爱扼杀了孩子的潜能。在家让他干点家务活,自己的事情让他自己去做,有老人的话也可以带他去孝敬一下老人,甚至家里有些重要的决策也可以让孩子参与。我们家长都一直致力于让孩子上个好大学,这没有错,错就错在我们把学问绝对化,而忽视了育人。我们来看看我们心中向往的高水平大学的校长们更关注的是培养孩子的什么。

北京大学校长林建华:吃亏就是占便宜。

清华大学校长邱勇:成为一个有思想的人。

厦门大学校长朱崇实:要坚持做一个善良、自信的人。

电子科技大学校长李言荣：做一个有趣的人。

北京航空航天大学校长徐惠彬：做一个淳朴如初、虚怀若谷的人。

中国科学技术大学校长包信和：永远做一个温暖的人。

这是 2017 年部分大学校长在学生毕业典礼上的讲话，可以由此知道他们都强调的是孩子应该做个什么样的人。有些人经常抨击中国的教育有多少问题，说外国的教育有多好，其实外国的学校教育和中国的学校教育没什么太大的区别，中国教育最缺的就是家庭的教育。学校可以给你培养一个高学分的孩子，但可能培养不出一个有健全人格的孩子。所以我们家长一定要肩负起这个责任，让家庭教育回归本位，孩子才能健康地成长。

四、适时引导，提前设定目标

我特别喜欢一句话："你今天站在哪一个位置并不重要，但是你下一步迈向哪里却很重要。"哈佛大学有一个非常著名的关于目标对人生影响的跟踪调查报告。调查的对象是一群智力、学历、环境等条件都差不多的年轻人，调查结果发现：

27% 没有目标的人，20 年后，几乎都生活在社会的最底层；

60% 目标模糊的人，20 年后，几乎都生活在社会的中下层；

10% 有短期目标的人，20 年后，几乎都生活在社会的中上层；

3% 有长期目标的人，20 年后，几乎都成为社会成功人士。

目标的重要性显而易见，在这里我就不过多阐述。我想和家长分享的是我们如何帮助孩子制定一个适合孩子自身发展的目标。高中阶段的孩子一般要求对自己的潜能和未来所从事的职业有个大致了解，家长一定不要等到高考填报志愿时再去考虑孩子的专业，那时已经晚了。北京市教育科学研究院曾经做过一个调查，调查结果表明：92.1% 的大学生对所学专业不满意；如果可以重新选择，65.5% 的大学生表示将选择别的专业。这就说明高考填志愿的时候存在一定的盲目性，缺少计划性。为了改变这一现状，高中学校都有专门的职业生涯规划室，高中生的职业生涯规划不仅影响其文理科的选择和高考志愿的填报，还会影响以后的专业认同、职业决策、工作满意度和生活幸福感。建议家长高一时就应该和学校相关老师探讨孩子的发展方向。记得我校 2014 级有个女生，这孩子在普通班成绩很平常，如果走文化课进入理想大学基本没可能。高二时她老师觉得这孩子长得漂亮，身材又好，就建议她去学模特试试，家长也支持，结果一路凯歌，先后多次夺得全国模特大赛冠军，担当女一号拍电影，去年以专业成绩全国第一考入北京服装学院。还有我校一个意大利美术国际班的同学，她也是高一下学期才从文化课班转过去学美术的，去年被意大利世界级名校佩鲁贾美院录取。如果这两个孩子没有提前的职业规划，只等三年后的高考，那无疑会失败的。我理解通过文化课考大学可能是目前大部分家长的心愿，但不一定适合每一位孩子，我们一定要结合孩子目前的学习情况、自身的特点、他的兴趣爱好，帮助他提前做出正确的人生规划。现在高中基本走的都是多元化发展成才之路，每个学校都设定了一些特色的专业，家长可以去学校进行详细的咨询，比如我们学校有美术、音乐、舞蹈、播音与主持、国际班、健美操、信息技术、机械春考班、体育、文化产业管理、信息技术春考班等，我们家长可以根据自己孩子的情况，有针对性地去选择。条条大路通罗马，行行都能出状元，我们家长要打破固有的观念，树立终身教育、终身发展的思想，帮助孩子直达成功的彼岸！

如何帮助孩子适应高中生活

山东省青岛第十九中学　姜文正

孩子从初中升入高中，意味着学习进入新的阶段。相对于初中，高中是人生新的发展阶段，孩子将面临更大的挑战与困难。有些学生能快速适应高中学习环境，调整个人学习状态，实现良好过渡，但有些学生由于各类原因，难以适应高中学习生活，并产生了相关的心理问题。为了更好地帮助孩子完成初高中衔接，快速适应新节奏，融入新环境，家长应着力做好准备工作，帮孩子适应高中生活。

孩子从初中到高中，极容易产生心理落差，产生明显的失落感。孩子对高中有着美好的憧憬与期望，但由于不能适应高中的学习要求和生活节奏，进而产生了适应障碍，导致了心理落差。尤其是考入重点高中的学生，会有"强手如林"的感觉，产生竞争压力，学习成绩的起伏导致自惭形秽的自卑心理，进而导致心理自责与压抑。同时，这还容易诱发心理闭锁，心理孤独感明显增强。进入高中后，孩子的自我意识迅速觉醒，认为自己已经长大成人，在面临问题时，和家长、老师有观点分歧，且不愿意向外界诉说，心理上的孤独感倍增。偏内向的孩子，不善于沟通与表达，更易产生此类情绪，进而影响高中学习和生活。还有的孩子茫然无所适从，感到不知所措。孩子对高中的学习认识不足，发现学科数量增多、难度增大，课程的知识密度、习题难度、教学形式、学习方法等均与初中阶段大相径庭，曾经的学习方法难以适应高中科目，在测试中全线失利，成绩下滑，内心焦虑而不知所措。还有的孩子精神过度放松，丧失学习斗志。孩子经历完中考，步入高中之初，容易放松懈怠，因电脑游戏、网络聊天、言情小说等玩物丧志,失去学习兴趣和目标,直接影响整个高中三年的学习。

许多孩子没有独立生活经验,存在强烈的依赖心理,生活上过度依靠父母,自理能力、自学能力、人际交往能力较差,难以快速适应高中新环境。为了更好地帮助孩子适应高中学习生活,家长应多措并举进行干预,注重挖掘孩子潜力。

一、帮孩子重新认识自己,对孩子进行新的角色定位与预判

部分家长对孩子的学习成绩"过分关心",大小考试"分分必争",容易诱发学生和家长共同的学习焦虑情绪,反而不利于孩子适应新的环境。家长应帮助孩子更好地进行自我定位,既要看到孩子与他人的差距,也要看到孩子努力的步伐,从更加客观的角度认识和评估孩子,明确孩子在新的高中集体中的位置,在此基础上提出新的奋斗目标和恰当要求。

二、帮助孩子转变学习方式,学会自主学习

高中阶段的学习内容比初中更系统、更复杂、更精细,对孩子的阅读能力、写作能力、运算能力、逻辑能力等方面都提出了更高的要求,学习更加需要个体的主动性。因此,家长不仅要关注孩子是否勤奋学习,还要关注孩子是否主动学习,对孩子的主动预习、主动复习、主动归纳总结的习惯养成要着重关注,帮助孩子探寻适合自己的科学有效的学习方法和策略。

三、帮助孩子适应新环境中的人际关系

离开了原来熟悉的老师、同学等环境,孩子往往会产生环境陌生感。高中孩子会认识新同学、新老师,家长应帮助孩子掌握一些人际交往的原则,与同学交往时要相互尊重、相互体谅,以诚相待,消除偏见与误解,形成互帮互助的学习伙伴关系,更好地投入高中学习生活中。

四、帮助孩子适应学校的管理制度与校园文化

每个学校都有自己的管理制度和文化特色,家长要引导孩子服从学校的规

章制度和文化传统,以良好心态融入学校环境;鼓励孩子以积极心态适应集体生活,遇到问题要主动与同学、室友、老师沟通,及时解决问题、化解矛盾,学会自己解决各类困难。

　　高中是孩子成长发展的新阶段,家长要鼓励孩子树立起学习的责任意识和担当意识,做好承受压力、经受挫折、忍耐寂寞的心理准备,鼓励孩子把注意力集中到自我成长的发展变化中,以客观的视角审视自身的优缺点。家长也应学会换位思考,站在孩子的立场上思考问题。与孩子共同思考,才能帮助孩子快速适应高中新环境。

家长如何对高中孩子进行职业生涯规划指导

山东省平度经济开发区高级中学　王绍坤

　　随着山东省新高考"6 选 3"改革的实施,孩子进入高中就面临一系列关联性很强的选择,如何科学地选课选考? 如何认识自身的优势和特长? 报考什么专业和大学? 高中三年的学业如何规划,才能为职业生涯做好初步准备? 面对这种种困惑,我们家长能做些什么呢? 怎样帮助孩子迈出职业生涯规划的第一步呢?

一、目前家长在学生职业生涯规划方面的特点

　　高中阶段是孩子进行自我认知与探索的主要时期,是每个人生涯发展的重要阶段。他们面临升学和就业的选择,尤其是新高考制度的改革,更把这种选择提前到高一年级。因此,要培养孩子初步的生涯意识和生涯能力,做好未来人生的准备。父母作为孩子的第一任老师,对孩子的职业生涯规划具有重要的意义。

　　我在工作中接触了不少家长,也与家长进行了一些关于生涯规划的交流。总体来讲,家长群体中目前存在着三种主要的现象,简单概括就是"弃、多、急"。

　　所谓弃,是指不管不问,任由孩子自行认识和发展,只管挣钱。说得最多的话是"只要你能上,只要你喜欢,我就是砸锅卖铁也供给你"。父母可能认为这是为了孩子,实质是放弃了父母最主要的责任。物质上的丰富,无法实现孩子精神上的充实。还有一种就是把孩子的成长全部推给学校和老师,说一句"老

13

师,孩子交给您了,您看着办就行"或者是"老师,您觉着我家孩子适合学什么"。知子莫如父母,父母陪伴了孩子十几年的成长,是最了解他的人,老师最多也不过几年时间,怎么能比得上父母对孩子的了解呢?更何况,一个班主任要面对几十名学生,如何能比得上父母对孩子的关爱呢?

所谓多,是指过多干涉,自以为孩子什么也不懂,大事小情都要干涉。曾经有个女孩,特别喜欢语文,高中获得过叶圣陶杯全国作文大赛一等奖,但是父母认为不学理化生,到时候不好找工作,非得让女儿选理工科。虽然高考成绩不错,但是却没有学到自己最擅长和最喜欢的汉语言文学。这样既耽误了孩子特长的发展,也不利于孩子未来的成长。

所谓急,是家长为了孩子的发展和规划,盲目着急,以至于出现病急乱投医的现象。与一些家长交流,有些家长不问专业的人,反而热衷于非专业的人,他的哪个朋友跟他说什么什么,我问:"你朋友是做什么的?"答案五花八门,只不过答案是"高中教师且是班主任"的没有。还有的家长,从高一开始,不问孩子的特点,不管孩子的学习态度和成绩,就急着问孩子参加奥赛怎么样,怎么进行综合评价。关心则乱,不是因为关心,而是过于着急以至于失去了方寸。

二、家长该如何帮助学生进行生涯规划

科学的、长远的生涯规划,有助于学生走得更远,爬得更高。而目前的高中生,学业压力巨大,很难抽出时间对生涯进行全面、详细、科学的规划,这就需要家长的协助。在帮助学生进行生涯规划的时候,应该切记不可"弃、多、急"。根据多年的经验,建议家长们做好以下几点。

(一)学习是克服困难的法宝

要帮助学生做好生涯规划,家长也要进行学习,要对生涯规划进行了解,如加德纳的多元智能理论、美国心理学家舒伯的生涯发展理论和彩虹图、霍兰德的职业兴趣测评量表、MBTI职业性格测试。只有家长先了解、先领悟,才能更好地结合自身的人生经验和工作经历,与孩子交流自己的认识和建议。家长也可以主动学习高考方案,了解高考的各种规则,更好地指导孩子应对挑战;家

长也应该关注时事,了解社会发展的趋势,只有有了足够的远见,才能更好地指导孩子规划好未来。同时,家长也要主动倾听孩子的心声,了解孩子自身的发展需求,维护良好的亲子关系,指导孩子量身定制与其自身更吻合的生涯规划方案。更重要的是,当家长是一个主动的学习者时,就会给孩子树立一个优秀的生涯榜样。

(二)在孩子在进行自我探索、自我认识的过程中,家长要做得更多的是引导、支持、辅助

兴趣是最好的老师,孩子的兴趣所在、长项和短板,家长最清楚。但家长即使清楚,也不能明确地告诉孩子,而是应该帮助孩子自己去了解和发现自己的个性、优势和兴趣等,并引导孩子根据这些特征,逐步确立适合他自己的学业和职业目标。

同时我们也应该明确,职业规划是一个动态的过程,在实践中还要不断验证、修改,因为随着时间的推移、社会的发展,孩子会变化,环境也会变化,生涯规划的方案也要随之变化。

(三)家长要帮助孩子了解当今社会的职业需求

家长可以充分整合、运用既有资源,通过各种信息渠道,了解当今社会的人才需求,了解各类职业及从业要求。家长也可以利用霍兰德的职业兴趣测评量表、MBTI 职业性格测试等,结合孩子自身的兴趣、性格特征,谋划未来的职业发展方向。

在加拿大和澳大利亚,专家分别问过几位在那里读高中的中国留学生,他们的高中选修课都是为进大学的某个专业,甚至是为将来职业做准备的。国外的学校通常对学生的职业规划进行指导。鉴于中国教育的现状,家长可以利用假期,陪孩子参观、走访心中理想的大学,调查了解这些大学的实际情况和专业设置,将收集的信息进行整理,更好地了解专业、职业和行业的关系,更好地进行生涯规划。

(四)家长应该鼓励孩子进行职业探索和职业体验

家长可以通过自己的社会关系网络,让孩子去了解亲朋好友的职业特点,

鼓励孩子对职业进行探索和体验,了解学业与职业的关系,提高孩子与人交往的能力。

"社会就是一所好大学",家长应该积极支持孩子参加各类社会实践活动。家长可以给孩子创造锻炼机会和发展空间,鼓励孩子参加与职业目标有关的学校社团,并尽力提供帮助,让孩子走进社会,勇于探索,寻求问题的答案,寻求个人发展的道路。

当然,家长也应该积极地与孩子分享自身职业的经验与故事,帮助孩子了解职业的内在知识。面对茫茫社会,孩子很容易失去目标和方向。虽然孩子可能难以应对,但他可以通过你的眼睛看到他想看到的,通过你的生活经历体会他想体会的生活,通过你的职业体验去了解他想了解的职业。

(五)家长要帮助、指导孩子初步确定目标

现在有的家长和学生,只顾耕耘,不管方向。家长只是让孩子拼命学习,可是学习之后到底往哪个方向去,家长不明确,孩子更不明确。结果到头来,孩子学习动力不足。所以设定好目标对于孩子的成长来讲是大有益处的。当然在设定目标时,难度要符合孩子的实际情况,对孩子有足够的吸引力,让孩子愿意全心全意去完成。我们可以帮助孩子把目标分成几个阶段,教会孩子制定近期目标和中长期目标,尽量让孩子的理想符合社会的需求和个人的实际。要鼓励孩子树立远大的理想,做自己想做的事,持之以恒,勇敢地朝着理想的目标迈进。只要愿意去付出,不论结果如何,孩子都在成长。

(六)"道而弗牵,强而弗抑,开而弗达,道而弗牵则和,强而弗抑则易,开而弗达则思。"

家长在帮助孩子进行职业生涯规划时务必要引导而不逼迫,要求而不强求,帮办而不代办。父母需要做的是,多搭建孩子成长的平台,主动积极地接受孩子的兴趣,支持孩子追求理想。其实,孩子的未来是否成功要靠他们自己,家长不能代替他们去行动,所以孩子的兴趣、特长是关键,是孩子将来发展的核心。家长和孩子应该经常坦诚交流与沟通,但家长不要把自己的意愿强加在孩子身上。

作为一名教育工作者,而且是长期从事学生发展规划工作的教育工作者,我强烈建议家长尽早开始考虑孩子未来的人生发展规划。明确的人生规划使孩子前进更有方向,学习更有目标。

高中生有效的时间管理

山东省青岛第六十七中学　刘论祥

时间具有不可逆性、瞬逝性的特点，黑格尔称时间"犹如流逝的江河，一切东西都被置于其中席卷而去"。俗话说，一寸光阴一寸金，寸金难买寸光阴。夸美纽斯说："时间应分配得精密，使每年、每月、每天和每小时都有它的特殊任务。"高中学习任务重、难度高，高中生只有合理地安排时间，才能在有限的时间内高效高质地完成学习任务，促进身心和谐发展。高中生应学会运筹时间的方法，以培养自己利用时间的能力。以下是几点做好时间管理的建议。

一、制订学习计划

学校的作息时间表是学校管理的需要，每个高中生都应该结合自身特点，在学校粗线条的时间表上做出自己个性化的计划表。每天写下所要做的事，然后计划好用时，这样能使较复杂的事情变得容易处理，有效提高学习效率，而且每完成一小步，就会有成就感。

二、四象限法则

时间不会因为我们大量的需要而增加，我们需要计划好在什么时间做什么事情最有价值。时间管理中有一个非常重要的工具叫作四象限法则，即把事情按照重要和紧急程度划分为四个象限：重要而且紧急、重要但不紧急、不重要但紧急、不重要而且不紧急（如下图所示）。

2.重要但不紧急	1.重要而且紧急
处理方法：有计划地做 饱和后果：忙碌但是不盲目 原则：集中精力处理	处理方法：立即去做 饱和后果：压力无限增大、危机感也很大 原则：越少越好
4.不重要而且不紧急	3.不重要但紧急
处理方法：每天拿出1～2个小时 饱和后果：浪费生命 原则：工作的时间专注工作，休息的时候专注休息	处理方法：交给别人去做； 饱和后果：忙碌且盲目 原则：能不做尽量别做

正确做事的顺序应该是按照从 1 到 4 的顺序去做，分清重要与否、轻重缓急，是高效学习的重要原则和基本方法。在合适的时间做最为恰当事情会有事半功倍的效果。有的学生会选择在上课时间看小说，看小说属于既不重要又不紧急的事情，课堂上重要而且紧急的事情是认真听课，跟上老师的思路，如果做出了错误的选择，学习效果自然大打折扣。家长要注重培养孩子先做重要而且紧急的事，不要挑最容易、最喜欢的事下手。

三、专心致志

学习时须全神贯注，注意力集中，改掉心不在焉的习惯，加强自我约束，将干扰降低到最低限度。例如，学习时被同学打扰，不要分心，要学会对同学不合理的要求说"不"。

四、提高效率

课间短短十分钟的时间，学生可以整理课桌上的书本、文具或是归类这几天收到的作业。利用课间时间整理课桌，把文具集中定位，将桌上的书本分门别类放入书包，清除过时失效的资料，如此一来，当需要某本书或工具时，就不必再翻箱倒柜，而且在进入下一门功课学习时，直接翻开早就准备好的资料，就会提高效率。

五、巧用碎片化时间

饭前饭后、等公共汽车时、上学放学的路上,都可以挤出十分钟的时间来阅读、回忆或思考一些问题。俗话说,巧裁缝不厌零头布,好木匠不丢边角料。几分几秒的时间,看来微不足道,但汇合起来就大有可为。

高考考场规则要牢记

山东省青岛第六十七中学　刘论祥

　　每年高考之前,总有许多家长有这些疑问:"进考场需要带什么用具呀?孩子答题使用的文具有什么标准吗?中间能上厕所吗?卷子会不会发错呀?试题要是印刷不清怎么办?"对考生而言,最关键的是在考场上稳定发挥,考出自己应有的水平。如何在考场上稳定发挥和尽量减少非智力因素的失分呢?

一、做好前期的考试准备

　　准备好考试必备用品。考生的必备用品总结为"两证两笔一皮尺"。"两证":身份证和准考证。准考证要打印多张,以免丢失。没有身份证的,要提前办好身份证。如有丢失,要及时到派出所补办临时身份证。"两笔":0.5毫米黑色签字笔和2B铅笔,都要准备多支,并且考前最好试用。"一皮尺"是指一块橡皮和一把直尺。以上考试必备用品,最好用一个透明的文具袋装着,不要握在手里,以免丢失。不要准备透明胶和涂改液,这些物品是禁止带入考场的。

　　做好考前的心理调整和考前热身。考前调整稳定心态,让自己在考试中发挥出最高的水平才是关键。考前,要适当热身。在考前,很多考生认为万事大吉,完全不沾书本,这是十分错误的。此时,重要内容虽然已经掌握,但还是要适当浏览一下,如政治、历史、地理的基本知识,语文的文学常识,英语的单词,数学的公式。有的学校高考前会为学生准备10分钟热身小卷,让考生考试一开始就能迅速进入考试状态。

二、考试中按要求规范答题

一般来说,人在自己熟悉的环境中比较容易放松。所以在进入考场后、发试卷前,考生最好先熟悉一下考场环境,比如考场教室前后布置、自己所在的位置、周围考生情况、监考老师模样。另外,在考卷发下来后,考生最好先翻阅试卷,要着眼于大致了解试题题型,不要过多地注意具体某几道或者某一道考题的内容。考试中途,因为紧张,有的考生做着做着会突然出现"卡壳"的情况:看着眼熟的题型,脑海中却一片空白。如果考生在思考之后仍理不出头绪,可以先缓一缓,跳过去做其他题目,等平静后再返回原题解答。灵感往往在不经意间迸发,不要总在一道题上胶着不放,也不要想"为什么以前做过现在做不出来"。还有的考生,在刚开始做题时或者做题中途会越做越紧张、呼吸急促、心情压抑,这时候建议考生闭上眼睛深呼吸,憋气 5 ～ 10 秒钟后再把胸中闷气缓缓吐出,或者暂时停笔,看看考场外的花木、建筑等风景,转换思维。在放松的同时积极暗示自己"我绝对不会出现任何意外"。

按要求规范答题是得高分的关键所在。填涂信息一定要用 2B 铅笔,概括地说就是"两填两涂",即填写姓名、考号,涂考号和考试科目。答题时用 0.5 毫米黑色签字笔书写,否则扫描后试卷模糊,易失分;一定要在规定区域内答题,超出范围会在扫描时被切掉。认真答题,仔细检查,防止在答题过程中出现错别字、漏字或写错字母,更不要出现漏答题目或答错了题目位置等非智力因素的失分现象。关键词不可遗漏。高考批卷,按点得分。在阅卷过程中,评卷老师的注意力集中在关键词或者关键步骤上,有则得分,无则失分;而且往往注意答对部分,对于答偏、答错部分常常无暇顾及。所以考生在作答时,要尽量避免下笔千言、离题万里的情况,回答要切合题意,答出关键词。在回答不自相矛盾的情况下考生尽可能地从不同的角度答得全面些,不然如果只是从一个角度或只回答一个方面,答得再完整也只有一个得分点。高考批卷时,评卷老师有误差分内的拍板权,因此,要想拿到误差分,就必须字迹清晰,让评卷老师看得清楚。

三、考后及时遗忘和充分休息

考生要学会遗忘,考完后回到自己休息的地方,无论自己发挥得好与不好,尽量做到考完一科忘一科,把关注点放到准备下一科的考试科目上。不要与同学、老师谈论题目,不要对答案,尽量避免不良情绪影响到下一科。另一方面,家长也要注意避免询问考生"考得怎么样"等与考试相关的话题。上午或者下午考试结束后,考生不要剧烈运动,有可能的话洗个澡放松,保持适当休息。很多考生在考前一天和考试期间常常会因失眠而着急,其实即使睡不着觉也不必有太大的心理负担,因为没有证据能够表明考前的失眠会对第二天的考试产生负面影响。

"双减"+"中考",家长们该如何应对

山东省青岛第六十七中学　盛盈盈

随着"双减"工作落地实施,各地中考题目越来越容易,导致高分扎堆,擅长做难题的尖子生失去优势,考生的分布结构出现了明显的变化,一度引发广大考生和家长新的焦虑和不满。

教育焦虑正随着社会经济的发展而日趋集聚。"双减"政策实施的根本目的就是有效缓解家长焦虑情绪,建设高质量教育体系和良好教育生态。为配合"双减"的实施,降低中考难度或将是一种趋势,那么为何反而引发考生和家长的不理解呢?其实是因为他们没有真正理解"双减"+"中考"的意义。

降低中考难度,可减轻家长经济负担,减少学生学习压力。其实每年都有很多学习成绩不错、基础功底扎实的学生在补习班进行学习,他们本身的成绩很不错,他们在补习班补习,只是为了自己能够突破一些难题。"双减"之下,教育部规范考试命题管理,不出偏题、怪题,减少机械记忆性试题,防止试题难度过大。只要你基础功底扎实,就一定能够考一个不错的成绩,所以其实现在对很多学生而言,补习班的存在已经没有必要了。

降低中考难度不意味着降低选拔性。中考难度降低,不代表学生就可以真正地放松了,要知道升学的压力依然在。真正放松的学生必然会被分流。想要更好地升学,未来走得更远,第一步需要做的就是化被动为主动,不管政策如何变化,都需要主动地学习。没有了辅导机构的加持,反而能进一步催生学生学习的主动性,明确学习目标,把握学习进度和节奏,培养良好的学习习惯。

"双减"+"中考"让家长回归角色,参与学生教育。网络上常见家长辅导

孩子学习暴跳如雷的视频段子，也有不少家长吐槽现在的教育是考验家长。其实家庭教育从来都不应该缺位。许多家长选择日常放手给学校，假期交给补习班，这是在逃避责任。不管是什么学历、什么工作，家长都应该回归家庭教育的角色，参与学生的学习与指导。

托尔斯泰曾表示，重要的不是知识的数量，而是知识的质量，有些人知道很多很多，但却不知道最有用的东西。"双减"之下，取消辅导机构，让学生有充足的课余时间来发展自己的兴趣和爱好，这符合国家对全面发展人才的需求。减少大规模补课现象，也能让大部分学生站在同一起跑线上公平地竞争。

孩子心里永远的痛——家长太关注自己的成绩

山东省青岛第六中学　王晓然

父母最关心的问题永远都是孩子的学习问题,而中国父母的焦虑、亲子之间的冲突主要聚焦在学习问题上。如果家长能够正确看待孩子的成绩,那么大部分家庭的亲子关系一定处理得非常好。

最近"双减"政策正在实施,班里有很多家长提出了同样的问题:"我们家孩子的学习热情不高,学习动力也不足。在学习方面,更多时候是靠我们家人去管,只要我们一放手,孩子学习成绩就会往下降,那这个时候我们又会变得很焦虑,影响我们的亲子关系,但现在的社会是一个竞争压力很大的社会,我们也希望孩子通过自己的努力去拼一个好的未来。别人都在冲的时候我们却在放手,那是不是一种不负责任呢?一边是孩子的健康、美好、快乐,一边是我们的学习成绩和未来,我们应该如何选择呢?"

家长的诉说代表了大部分家长的心声,其实就班里情况来看,大部分从小被家长管控的学生,小学成绩还好,到中学,成绩往往下降很严重。所以说,家长的焦虑,对孩子不放手、重压,完全不能解决问题。

"父母之爱子,必为之计深远",好的家庭教育应该适时,在孩子小时候就应该培养孩子善于思考、集中注意力的能力。我们常用推车来比喻家庭教育问题,低年级孩子就像手推车,稍一用力就推得动,等到孩子上了初中,就像一辆小汽车,要使劲去推才能动一点点,等到孩子上了高中和大学,那就是火车,再也不能推动了。所以家长一定要利用好能推得动的这个阶段,培养孩子内在的动力引擎系统,让孩子自己主动去学,培养自主性。如果这个时候他想运动,你以学习为理由拦住他,可能他再也不运动了,不锻炼的孩子,后期学习也好不到哪去;如果这时候孩子有个理想跟家长说了,家长以没出息为理由一口骂回去了,可能孩子学习再也没有动力了。但如果在这个时候父母教会孩子集中精力做好一件事,学会自己找到目标,学会自己承担失败的后果,就能达到好的教育效果了。

让孩子选择一条孩子喜欢的道路,也可以让他有学习的动力和热情。如果孩子想往这条路走,但你老是要往另外一边去推,可能你很快就觉得推不动了。家长要明白的是,现代社会发展太迅速,社会的复杂性使得我们不得不给"成功"赋予新的定义,就是培养孩子无限的可能性,所以当孩子喜欢一件东西的时候不要总是以没出息为理由拦着,更不要逼着他学习自己不喜欢的东西。

此外,家长一定要以一种正确的姿态去看待孩子的成绩,孩子成绩波动时,分析原因比生气更重要。很多家长跟孩子发生冲突的时候,都是在孩子考试没考好的时候,大部分家长都表示,在这个时候其实是家长的心态先崩掉了。但是你不得不承认成绩波动是正常的,总是优秀的孩子比例非常小,大部分孩子都是有起伏和短板的。我们如果能调动起孩子分析成绩波动原因的积极性,帮着孩子一起改正,这样才能和孩子保持统一战线。

高考志愿填报如何选择专业

山东省平度经济开发区高级中学　王绍坤

高考从某种程度上来说,对我们的一生都产生了至关重要的影响,让我们迈出了坚实的一步。但考后如何选择专业更是能让家长愁眉不展,今天就根据我多年志愿填报指导和一些工作中的实例,提出我的一些看法,以供参考。在我看来,选专业,某种程度上就是选择自己未来的发展方向。所以,选择适合自己就读的专业对于考生来讲是非常重要的。

一、专业区别

2012 年,国家发布了《普通高等学校本科专业目录》,我国本科专业分为12 个学科门类 506 种专业。专业如此之多,虽然有些专业通过名称可以大体了解它,但也有一部分专业仅凭名称无法了解到它的真实情况。弄懂专业的真正含义很重要,包括专业开设的课程、培养的目标以及从事的职业等,考生切不可盲目地望文生义。尤其是一些名称相近的专业,更要搞清楚它们之间的区别。

比如"计算机科学与技术"和"信息与计算科学"这两个专业的名称很相似,但是一个是属于工学计算机类,一个是属于理学数学类。不论是主修课程,还是将来的就业领域,都有较大区别。

还有一些专业名称很难从字面上了解其专业性质,比如金融学和金融工程。金融学专业主要培养学生具有金融保险理论基础知识和掌握金融保险业务技术,金融工程专业主要是用计算机来实现数学模型,从而解决金融相关的问题,要求具有很扎实的数学基础。

再者就是要明确院校专业的水平。一般来讲,重点专业指该学校的这个专业是最好的专业之一,代表这个专业的实力和地位。重点院校的专业不一定都是重点专业,普通院校的专业也可能是省级甚至国家级的重点专业。所以,考生和父母在选择专业时,在分数不够重点院校的情况下,报考普通院校的重点专业是明智的选择。

二、横向比较

考生和父母明确选择志愿的方向后,要做两个方面的专业比较。一是同类性质院校比较,衡量选择拟报考专业的院校实力;二是不同类性质院校同类专业的比较,衡量不同院校的专业实力。此外,相同名称的专业在不同类院校中培养的方向和侧重点也有不同,考生和父母还要注意这方面内容。

虽然专业名称相同,但是由于每所高校在办学特色、研究方向等方面的差异,相同专业之间也会有所不同。

三、冷门与热门

人们根据现实的就业难易、收入高低和工作环境优劣等情况,把专业分为“冷门专业”和“热门专业”。其实,“冷”与“热”都是相对某一时期的社会热点、市场需求和就业形式而言的,专业本身并无冷热之分。院校设置这个专业,自然有设置这个专业的需要。考生不要过分追求“热门专业”,忽视“冷门专业”,在选择专业时应该有长远目标,结合自身兴趣爱好和专业特长,选择适合自己的专业。

四、限制条件

在高考专业里面,有一些专业是有限制条件的,如高考语种、单科成绩、民族、性别、身高、视力、肢体障碍。再如军事和公安类院校以及航海技术、轮机工程、飞行技术等专业,都有限制条件。

五、专业服从

如果填报服从调剂,能增加录取机会。填报专业志愿时,是否服从调剂要因人而异。填报专业时既不可为了上某所院校而一味服从,结果使自己进入极不喜欢甚至直接影响未来就业的专业,亦不可一味不服从,过分挑剔专业,因没有回旋的余地而丧失录取机会。所以,对"专业服从"一栏,考生和父母要认真对待。

六、就业领域

报考志愿的专业和将来从事的行业是密不可分的,也可以说,专业就是未来的行业,专业是决定将来工作岗位的重要因素之一。而一些专业名称的术语色彩较浓,很多考生和父母不甚了解其含义及将来的就业领域,稀里糊涂地就填报了,等到入校学习后或就业时才明白,那时悔之晚矣。所以,考生和父母要清醒地认识到志愿专业将来所面临的就业难易、工作条件、待遇水平、区域环境等。

七、专业选择

在多年的高考志愿填报指导中,我发现有些考生根本不知道自己该报什么专业,或者不知道这个专业在未来会从事什么工作。条件较好的学校多数都开设了生涯规划课程,考生基本上都对自己的将来进行了规划,有了较为明确的专业或职业选择,在高考时也就省了很多步骤。对于一些不清楚的考生来讲,可以做一些测试(如 MBTI 职业性格测试、霍兰德职业倾向测试),或者与学长、老师、父母进行交流,获取一些信息,辅助进行专业选择。

第二编│人际交往

家长如何与高中老师沟通——避开误区,把握时机

山东省青岛第二中学分校　曹永婧

从进入幼儿园到高中毕业,每位家长都要与不同学段、不同学科、不同角色的老师沟通合作十几年。虽然家庭教育和学校教育的共同目的都是将孩子培育成德智体美劳全面发展的人,但是受到原生家庭背景、个人性格气质、学校办学理念等多方面因素的影响,家校沟通并不一定都是一帆风顺的。

一、家校沟通的误区

(一)成绩不好——难于启齿,成绩好——没必要

在工作中,我明显感受到家长与老师谈得最多的话题就是学生的成绩。特别是到了高中阶段,学习状态和成绩几乎成了唯一的重点。有些孩子成绩不太理想甚至一直较弱的家长一学期几乎不与老师联系沟通,仅仅参加期末家长会,除此之外对孩子的成绩不闻不问。这类家长总感觉与老师沟通会令自己难堪,一谈成绩就是不好。个别成绩一直没有起色的高中生的家长甚至会觉得已经看不到希望,主观上放弃了孩子,就更羞于与老师沟通了。

从我实际的工作经历看,还有一类同学的家长与老师沟通得更少,就是成绩优秀的学生家长。这类家长往往认为孩子比较聪明、学习自觉,不需要家长费太多心就可以自己应付好功课,所有没有必要与老师沟通交流。

(二)只管后勤,功课是学校和老师的事

我带的班级中有这样一个男孩。他的父母文化水平比较低,工作也不稳

定,而且时间和纪律要求特别死,几乎没有时间关心孩子。孩子和我说他父母初中三年都不知道他在哪个班。中考报名、考试、录取等一切工作都是孩子自己独立完成的,甚至自己被哪个高中录取了他的父母也不知道。父母基本上就是只负责给孩子生活费,其他的一概不管。有事需要请假也是学生本人和我说。这个极端的例子现阶段虽是个例,但越来越多的家长由于工作繁忙,或多或少会出现类似的情况。

(三)只与班主任沟通,不与任课老师沟通

班主任是与学生待在一起时间最长、最了解学生整体情况的人。但最清楚地了解孩子各科具体的学习情况和上课状态的还是各学科任课老师。很多父母往往忽视了这一点,认为只要与班主任沟通就可以了解孩子方方面面的情况。每一次家长会时,我都会在最后一页 PPT 中把所有任课老师的联系方式汇总起来请家长留存,但是很多家长却对此视而不见。这也足以看出家长们在与任课老师交流方面还是缺乏主动性。

很多家长有心想与老师面谈或电话沟通,但总也不知在何时、从何事谈起。

二、家校沟通的时机

(一)家长会之后一周之内

平日里,老师和家长们都忙于工作,能够见面或电话沟通的时间确实比较少。因此,家长会就成了最重要的家校交流机会。家长会上,老师会从上一阶段的学校总体工作、班级整体发展、学生阶段性考试成绩等多个角度进行详细全面的阐述。我个人建议在家长会散会后一周内,家长一定要通过微信、电话等方式与班主任老师或是任课老师做好沟通。因为这时家长对全班同学的整体情况有所了解,在此基础上可以将自己的孩子放在班级整体中对比,了解孩子的情况。

(二)学习环境有变动时

高中三年,学校会根据学段特点、师资变化等众多因素对任教老师甚至班

主任做调整。因此,部分学生就面临着换新老师、新班主任甚至新环境的变化。老师和学生都会需要一定的时间去适应对方。如果这个适应的时间段过长,就会对高三整体的复习进度造成影响,还可能危及考生的心理健康。这时家长就更应主动与老师进行联系,在了解复习进度、孩子的学习状态的同时,也帮助老师更多地了解学生的特点,以便在今后的教学和陪考过程中对症下药。

(三)重大考试之后

高三的综合型大型考试基本每月都有。我建议每当学生的成绩起伏较大,或是因考试成绩带来明显的情绪不稳定时,家长要及时与老师进行沟通。由于高三年级的特殊性,家长们也要谨记不要仅在孩子成绩下降时才火急火燎地与老师沟通,当孩子成绩有显著提高的时候更应该与班主任或任课老师进行沟通,以便了解是什么原因造成成绩下降,或是孩子有哪些好的做法带来成绩的上升。

家长一定要有与老师主动交流、沟通的意识。有的家长将孩子送到学校后,出于各种原因,对孩子不管不问。这样的家长给老师的印象是家长对孩子不关心。相反,如果家长经常同老师交流,了解孩子在校情况,分析发现的问题并探讨对策,老师则会感到家长是称职的,老师也会自觉不自觉地将更多的关注投放到这个孩子身上。

现在的高中生家长经常会苦恼孩子不愿意与自己交流,或者与孩子交流时说不到孩子心里去。我个人认为很大一部分原因是不了解孩子在学校的情况,有时凭主观感受,有时根本是臆断。因此,只有避开与老师沟通的误区,掌握正确时机,才能达到有效家校交流、促进学生发展的目的。

关于高中生手机使用问题的有效沟通

山东省青岛第十九中学　姜文正

随着通信技术和电子信息技术的快速发展，智能手机的功能越来越丰富、操作越来越简单，当代中学生对手机的需求也越发强烈。由于自身和外界环境的影响，不少中学生都有手机成瘾的现象。对于这一现象，必须采取合理的措施，对其进行干预引导。

《现代汉语词典》中，"迷恋"的词条解释是"对某一事物过度爱好而难以舍弃"。中学生沉迷的事情比较多，最早是小说，后来有电视、电脑、网络、游戏和手机。这些事物深深吸引学生参与其中，从而造成对学习、生活的影响，而且出现了一旦不能玩智能手机就常做出过激行为的明显"精神依赖"症状，为此引发了学生和老师、父母间的种种矛盾。因此，中学生沉迷于智能手机给学习与生活带来很大的影响，应引起学校与家长的重视。

小明以优异的中考成绩顺利升入市重点高中。父母为奖励小明的刻苦学习，为其购买了一部新款的智能手机。

高中第一学期期末考试，小明的成绩下滑明显，最根本的原因就是小明对手机已达到"迷恋"的程度。上学期间私自携带手机进入校园，午休时间经常是在玩游戏、看视频、看小说，周末的时间手机不离手，甚有通宵玩游戏的现象，"手机瘾"的表现愈演愈烈。

小明的父母发现事态严重，决定予以干预，采取了以下措施。

首先，联系班主任。了解小明在学校的日常表现，针对高中生的手机迷恋问题与班主任进行沟通，获得了班主任的直接反馈和经验指导。

其次，主动寻求沟通。父母与小明进行沟通,沟通时注意方式方法,避免针锋相对的"辩论式"沟通。针对小明的实际情况,父母帮助小明共同分析手机使用的利弊得失,商议解决问题的措施。

再次,采取行动措施。父母与小明约法三章,制定了"杜绝迷恋手机、正确使用手机"的协定。例如,周末放下手机,以全家一起进行户外运动的方式,逐渐开展1小时、2小时、3小时不接触手机的家庭活动。

最后,及时积极反馈。定期以"家庭会议"的形式,进行阶段性的反馈。针对彼此的实际表现,小明和父母会互相评价,并提出下一阶段的新要求。

任何一项教育要取得成功都取决于学生自己,学生是内因,教育是外因,只有内因起作用,外因才能取得效果。所以,父母必须积极参与到问题的解决过程中,激发孩子的"内驱力",让孩子真正认识到问题的严重性,由内而外进行积极引导。

对话青春期，做智慧父母

山东省青岛第六十七中学　盛盈盈

对于班主任而言，为了更加全面了解学生、分析学生问题，家校沟通是最重要的手段和途径。在沟通的过程中，家长们反馈最多的就是，"孩子叛逆期，根本无法沟通，什么都不愿和我们说，我们也不敢多说，说多了就发脾气"。家长们小心翼翼地跟我反馈并打探学生的状况，唯恐让学生知道而引起家庭矛盾，我开始思考现在的亲子沟通到底怎么了，现在青春期的孩子怎么了。

周日晚自习本应是学生正常返校的时间，我却接到一位父亲打来的电话："老师，跟您请个假，孩子今天可能不能返校了。"语气中我听出了失落和无奈，当我继续追问时，这位父亲用极其惭愧的语气说道："唉，都怪我，我为什么在他临走前多嘴说这句话？现在他情绪崩溃，闭门大哭，我该怎么办？"此时我感觉应该是亲子间发生了家庭冲突，我想一定是这位家长说了很"严重的"伤害孩子的话。继续了解，才知道是这位父亲在孩子临走前提醒了一句："把400块钱都充到饭卡里，别剩啊。"这样看似很普通的一句话，却引发了这位学生如此大的心理反应甚至崩溃。

类似这样的案例还有很多，究其原因是面对青春期的孩子，家长们并不知道该如何开启一段亲子间的对话，一边是渴望全方位地了解青春期的孩子心里所想所愿，一边要追求话语权、归属感、"自由意志"的"心理断乳期"。矛盾导致很多家长都根本听不到孩子内心的声音，孩子躲避与家长沟通、交流。父母与孩子之间形成了一种对峙、无声甚至怨怒的尴尬局面。

下面给大家呈现一段网络上看到的《一位智慧家长与青春期儿子的对

话》，或许能给我们一些启发。

儿子："妈妈，别人都有叛逆的青春期，我为什么没有感觉到呢？"

妈妈："叛逆？！没有压迫哪来的造反？！"

儿子："是啊，放学回来我疯玩，你也不管。"

妈妈："为什么要管？你的作业都做完了，上了一天课，难道不可以疯玩吗？"

儿子："每次考试也不问我考了多少分。"

妈妈："我小时候就特别讨厌父母问我考了多少分，考好了自然会说，考得不好自己心里内疚啊！"

儿子："我和同学有矛盾，你怎么不骂我呢？"

妈妈："为什么要骂？那是你的事，自己处理去吧。"

儿子："我不想去上课外'新概念'，你怎么不反对？"

妈妈："收获不如你的预期大，不去就不去吧，在家看美剧、学唱英文歌不也挺好？！"

儿子："有时候考虑不周，顾着和同学玩，会打乱你原来的家庭计划，你也不发脾气。"

妈妈："嗨，你都说'考虑不周'了，我还发什么脾气？"

儿子："很多家长不让孩子去卡拉OK，你不仅支持，还帮我订房，为什么？"

妈妈："你知道晚上去不安全，都是白天去，我也考察过你去的地方，很正规，为什么不行？"

儿子："为什么我看什么电视频道你都不反对？"

妈妈："因为你告诉我很多有意思的奇闻趣事、社会百科、居家安全知识，为什么要反对？"

儿子："家长都担心男孩与女孩交往多了会'早恋'，你怎么从不反对，还教我怎么照顾女生？"

妈妈："能当个'男闺蜜'是件多有成就感的事啊！"

以上看似轻松的对话对于许多家庭而言是很难得的，亲子间一问一答间蕴藏着父母的许多智慧。

很多时候,面对孩子,家长总想费尽心思地"掏挖"孩子心里的秘密,急切的询问让孩子感觉自己的一方天地正在有人试图占据,这只会让孩子更加封闭自己,拒绝交流。家长可以收拾好焦虑的内心,静静地观察孩子的状态,等待对话的良好契机,顺其自然开启一段心与心真诚的交流。

每一个生命都是一个独立的个体,一个有着鲜活思想和独立意识的生命体。许多家长把孩子变成了一种恒久的占有,一面是宠溺放纵,一面是暴君式的控制。这让青春期的孩子不得不在这样一种尴尬的环境中挣扎前行。一段对话的开启只是一个良好的开端,要保持连续有效的对话交流,需要保证对话的平等和尊重,从同龄人的角度为对方考虑,而非用自己的要求和标准衡量一切。

良好的沟通交流是解决问题的重要途径,是治愈孩子内心矛盾的一剂良药,也是减轻家长焦虑的慰问剂。请每一位父母学会运用教育的智慧,用真诚、尊重、平等对话青春期,在问答间拉近亲子的距离。

为单亲孩子撑起爱的保护伞

山东省平度市南村镇南村中学　王广洲

　　随着时代的不断发展,人的婚姻观念也在发生变化,离婚率越来越高了,随之单亲家庭也越来越多。这些家庭的孩子的教育问题也摆在了每一个教育者面前。单亲家庭子女的教育已成为一个非常重要的问题,并引起了广泛关注。那么,对于单亲家庭的孩子到底应该怎么教育呢?相信这个问题也困扰着很多单亲父母。

　　我们班有一个孩子叫王蒙(化名)。我刚接手这个班,他就引起了我的关注。他每天穿着脏兮兮的衣服,身上还散发着难闻的味道,同学们都不愿靠近他,所以他没有朋友,平时几乎不与同学交流,经常坐在自己的座位上发呆。课堂上的他,虽坐得很端正,但从他的眼神中可以看出,他根本没有听老师讲课,课后作业也不写。后来,我进行了家访,了解到王蒙父母离异,父亲在工地上打工,早出晚归,无法照顾和陪伴王蒙,王蒙也不会照顾自己,所以才成了现在这样。了解了情况后,我领着他去洗了澡,并带来了自己的衣服,给他换上,然后把他脏兮兮的校服给他洗干净。第二天,让他穿着干干净净的校服来上课,同学们都用惊讶的眼光注视着他,从他看我的眼神中我看到了感激之情。后来,我又几次到他家进行家访,慢慢教他洗衣、做饭,让他学会基本的生活技能。在学校中,让班干部多跟他交流,让他多参加班级活动,他也因此感受到了集体的温暖。课堂上,多关注他,通过简单问题的提问,让他不断地体验成功的快乐,慢慢地树立自信心。课后,多找他谈心,及时了解他的学习及生活动态。通过一年的不断努力,王蒙的学习成绩提高了,久违的笑容也再次出现在他的脸上。

孩子的教育本来就是一个难题，家庭氛围和谐的家长有时都手忙脚乱，更何况是单亲家庭呢？想要教育出一个积极阳光的孩子，根据我十几年的教育工作经历，我觉得下面的一些方法行之有效。

一、用爱心抚慰孩子心灵的创伤

单亲的孩子往往缺少家庭的温暖。儿童心理学家表示，父母离异后，孩子的安全感是非常低的，这些孩子更需要陪伴，只有陪伴，才能帮他们重新建立起内心的安全感。首先，父母应当拿出来更多的时间来陪伴孩子，不要把过多的精力放在工作上，应更加关注孩子的心理健康，为孩子健康茁壮成长保驾护航。其次，家校要形成合力，让爱落到实处。班主任、任课老师、心理老师要与这些孩子结对帮扶，主动找他们谈心，从生活、学习等各方面给他们以帮助，尤其要在精神上多加鼓励，帮助他们走出自卑和孤独的心理阴影，用爱心抚慰孩子心灵的创伤。

二、不能把消极情绪带给孩子

很多父母离异之后，都会有意无意地把离婚的消极情绪传递给孩子，这样只会阻挡孩子重新走向新生活。家长们一定要调整好自己的心态，积极阳光地面对自己的孩子，带给孩子满满的正能量。

三、给孩子创造人际交往的环境

很多离异家庭的孩子，会变得特别自卑，他们内心深处，会觉得自己与正常的孩子之间有很大不同，所以在和其他同学交往的过程中，会担心自己受到歧视。针对单亲家庭的孩子性格容易趋向内向和孤僻等特点，父母要让孩子多接触社会，多为孩子创设一些人际交往的机会。

四、支持鼓励，树立信心

对于单亲的孩子，要多给他们表现的机会。当他们取得成绩的时候，要及时给予充分的表扬。当他们出现问题的时候,要鼓励,不回避,多给予引导,使其对自己产生信心,勇敢地去面对生活以及学习中的问题。

单亲家庭想要教育出来一个积极阳光、表现优秀的孩子是不容易的,这需要父母付出更多的时间和精力,帮助他们真正地走出心理的阴影,更需要家庭、学校的共同协作。只有这样,才能使孩子健康快乐地成长。

给贫困家庭孩子的培养建议
——从一个贫困学生的成长案例谈起

山东省华侨中学　甄世宾

　　我校学生林某某,2016年以优异成绩考入高中,高一时多次在级部中成绩排名第一。在老师眼里,他是典型的内秀男生,虽其貌不扬,却思维敏捷,是级部里的学习明星。然而进入高二之后,林某某却开始经常请假,甚至一次请假长达一个月。这种反常的情况,引起了我的注意。我通过林某某的班主任了解基本情况后,决定对其开展家访。

　　通过家访,我了解到,林某某家庭经济困难,屋舍老旧,收入微薄,与周围邻居差距明显,林某某承受了其他同学不需承受的压力。通过与其父母交流和与该生谈心,该生终说实情,自己沉溺于手机游戏不能自拔,故托病长期请假。林某某跟我说:"老师,我知道玩游戏不好,我知道学习很重要,大道理我都懂。但是,我就是提不起劲来,反正我的家庭已经这样了,我的父母连这些大道理都从来没跟我说过,我就这么混吧,反正也没人在意我⋯⋯"

　　孩子的话让我意识到,有些贫困家庭的孩子不仅仅只有物质层面的缺乏,更严重的是在精神层面缺少支持和滋养,以至于失去对美好生活的追求。

　　在我的教育生涯中,遇到一些贫困家庭的孩子,他们往往具备以下几个特点。(1)因为自卑而不愿让周围的同学了解自己的家庭状况,与老师、同学保持着心理距离,刻意掩饰、尽力逃避,本能地将自己封闭起来以达到自我保护的目的。(2)因为自身的封闭和家庭教育资源的不足导致自身视野低浅,格局不大。(3)因为没有足够的物质条件来支持他们去做想做的事情,导致他们缺乏信心和安全感,从而情绪不稳定,而这种情绪上的强烈波动,也常常让周围的同学感到难以与之相处。

虽然贫困家庭为子女提供的物质条件有限,但家长如果能认真对孩子付出,培养出优秀的孩子并不太难。因为对于孩子的成长,精神的富足远比物质的充足更重要。《平凡的世界》中孙玉厚是典型的农民出身,并且贫穷的家庭几乎到了崩溃的边缘。但是,他始终坚信知识改变命运,在日常的生活中,勤勤恳恳、以身作则,用精神力量影响感化着他的孩子,无条件支持和理解自己的儿女。孙玉厚虽然贫穷,可是他在家庭教育上却一直是富有的,可以说在精神上从来没有亏待过儿女,最终他把孩子都培养得很优秀。

那么贫困家庭的家长应该怎么做呢?

营造和谐的家庭氛围。如果家长能在孩子成长的过程中为孩子营造温馨良好的家庭氛围,让孩子感受到爱,让孩子们知道他们值得被爱,那么孩子心中就会有力量,性格自然会变得活泼开朗。

经常抽出时间和精力陪孩子,经常和孩子好好沟通,学会从孩子的角度思考,尊重孩子的感受,孩子才能更容易接受父母的教育。当孩子的心能真正接受父母的教育时,父母的教育就事半功倍了。

经常鼓励你的孩子。父母的鼓励在孩子心中是一种非常强大的动力。只有有了积极的鼓励,孩子的自信心才会越来越强,他们在未来的生活中才会更加相信自己,获得成功的概率也就越大。

贫穷不是缺点,只是一个劣势条件,它是让人羞愧的缺口,更是让人前进的勋章,它令很多人无力,又使更多人奋斗。只要家长能花时间、精力做好家庭教育,孩子的很多缺陷都可以慢慢弥补。更重要的是,在孩子的成长过程中,父母对孩子的爱和付出很重要,因为这些爱和付出是无法用金钱买到的。

更具效力的沟通渠道

山东省青岛市西海岸新区第五高级中学　张马成

　　德国著名教育家卡尔·维特谈到自己的经历时说:"有时候,对于一些感觉,我觉得不方便口头表达,我会把想要表达的意思以书面形式写在一张纸上,使它们增加自己的分量,显得更真实。"我国著名教育家卢勤也说:"给孩子写信,用文字表达情感,是与他们沟通的好方法。"

　　我的学生正处于青春期、叛逆期,有些话当面不好说,有些话当面说不好,于是我在班级里设置了一个心语箱,收集学生的意见与建议、困惑与烦忧,或者只是单纯的分享与表达。当学生不方便当面告诉我时,可以将自己的问题与困惑以匿名的方式投进心语箱,每周我会利用班会的时间抽取几份,请其他同学帮忙出谋划策;我还会每周抽取两份,认真回信,写写我的看法。有一次,我抽取到一个学生的困惑,他感到自己不管怎样努力都比不过别人,万分沮丧,想要放弃。结合学生的近期表现,我大概猜到了是哪个学生,我给他回信道:"跑得慢并不代表跑不到终点,努力可以让你收获更多幸运,你要相信,人生的好运从来都不是突如其来,一定是你的努力造就了后来所谓的幸运。"同时,我与其他任课老师沟通,积极发现他的闪光点,给他信心,暗示他比想象中更优秀。回信后的一段时间,我关注到这个学生慢慢地不再沮丧与无助,而是打起精神继续奋斗,现在各方面都有所进步,开始收获自己的努力造就的幸运。现在的信箱不仅可以让我了解学生和班级动态,更成了我与学生沟通的桥梁。

　　在处理亲子关系时,我也经常用非口头语言的方式与儿子进行沟通。有次儿子作业非常不认真,错误连篇,我没有控制好情绪,非常生气地大声斥责了他。我看到儿子的眼神中充满害怕与无助。事后我很后悔，给儿子写了一封信："爸爸为自己刚才的态度道歉。你一直都是一个充满耐心和韧劲的男孩，你有自己的梦想与追求，也开始为自己所爱去努力和坚持，我与妈妈为你感到骄傲与自豪。但是不积跬步无以至千里，梦想的实现靠的是认真做好每一件事情，所以爸爸妈妈希望你能养成认真、专心的好习惯，我们也相信你一定会做到的，对吗？不管怎样，爸爸妈妈永远爱你。"令我感到惊喜的是，第二天我收到了儿子的回信，信上说，自己会改正错误，并且永远爱我们。

显然，交流的方式有很多种，一些非口头的交流往往起着很大的作用。特别是对于不善于表达情感的父母来说，当孩子进入青春期时，与他们面对面的交流会更加困难，如果他们能够通过其他渠道与孩子交流，可能会更有效。例如，在你的手机上留下一个小便条，写一封信，或者发送一条短信。现在互联网这么发达，你也可以用 QQ、微信等聊天工具和你的孩子交流，经常注意孩子的QQ 空间动态、微信的朋友圈，不仅可以增进对孩子们的了解，还可以拉近彼此之间的距离。毫无疑问，父母都盼着孩子能够成龙成凤，但什么是"龙"，什么是"凤"？龙有九子，子子不同，凤有八雏，各有所长。我们每个人对"龙"和"凤"都有不同的定义。但在"成龙""成凤"之前，我们必须首先照顾好孩子的健康成长。健康在这里不仅意味着身体健康，也意味着精神健康。只要我们的孩子能健康成长为一个有用的人，那么我们的教育就是成功的，孩子就是优秀的。

孩子谈恋爱了，家长怎么办

山东省青岛第六十七中学　盛盈盈

　　每个人都拥有如诗如歌的花季。处于青春期的少男少女，用他们那最敏感的心灵感知着他们周围所有美好的事物，他们充满欣喜与好奇地关注着异性，他们对两性情感充满美好的向往和梦想。

　　有位作家说过，早恋是一朵带刺的玫瑰，我们常常被它的芬芳所吸引。然而，一旦情不自禁地触摸，又常常被无情地刺伤。处于青春期的学生心智还未完全成熟，早恋只是一时的冲动与好奇，不仅会影响到学习，还有害身心健康。

　　有的孩子平时就很叛逆，与父母几乎无法正常有效地沟通；有的孩子平时很懂事乖巧，父母说什么就做什么，但其实与父母间有效沟通交流也很少。父母很少给他们机会进行更深入的沟通，找一个知心的异性朋友就成为他们缓解沟通交流渴望的途径。具体是什么样的孩子更容易早恋呢？

　　性格外向、相貌出众的学生比性格内向、外表平平的学生更容易发生早恋。因为性格外向的人大多都敢作敢为，一旦有心仪的对象，就会大胆追求，并且相貌出众的人也常常会成为大家追求的目标。

　　性格娇弱、虚荣心强的学生，他们从小娇生惯养，依赖性强，觉得找了异性朋友，便有了依靠，因此很容易成了"爱情"的俘虏。而那些虚荣心强的女生，也乐意接受男孩子的殷勤、赞美以及小恩小惠。有的学生是出于攀比心理而开始早恋的。他们看到自己的同龄人有了异性朋友，于是也"不甘落后"。

　　学习成绩差的学生也容易发生早恋。这些同学无法从学习之中获得乐趣及成就感，因此在学习和生活上也很少受到特殊关心，无法把精力放在学习上。

于是，他们便把无处打发的精力和时间转向"爱情"，以弥补情感上的空虚。

学生缺少家庭温暖和爱护，这种情况常见于父母感情破裂、离婚等，或留守的孩子、寄人篱下而得不到温暖的青少年中。他们往往生活在一个感情极度缺乏的环境里，渴望得到他人温暖，而异性的抚慰正可以弥补这一点。

交朋友是孩子走向社会认同、心理社会化的重要阶段，交男女朋友，同样也是孩子性心理发展的重要阶段。16岁以上的孩子，从心理发展需要看，应当鼓励其增加与异性朋友的正常交往。但是高中阶段，学习任务重，且心理还不够成熟，很容易陷入其中，不可自拔。虽然有部分高中学生恋爱初期抱着相互鼓励、促进学习的目的，但过了恋爱新鲜期后，交往过程中出现了问题，轻则影响学习成绩，重则产生心理问题甚至伤亡。

有两个真实的例子。第一个是一个男生，他与同年级一个女生早恋，后来被女生家长察觉，女生家长严令禁止交往。女生不再和他交往之后，男生做出了一些过激的行为。例如，在学校纠缠女生，甚至多次到女生家里闹，女生家长把男生教训了一顿并报警。后来男生逐渐演变成心理问题——受迫害妄想症，总觉得有人跟踪他，要害他，只能通过抗抑郁药来治疗，人也变得呆呆傻傻。

另外一个例子是一个女生。她曾是某重点学校重点班的学生，成绩名列前茅，高二有段时间学习成绩直线下滑。她爸爸去开家长会时从班主任处了解到原来是近一段时间和一个男生恋爱了，所以成绩下滑得厉害。女生爸爸很生气，在校园里和孩子吵了起来并在很多家长和学生面前打了女生一巴掌。从此，从小乖巧听话、学习成绩优秀的她崩溃了，要求妈妈和她爸爸离婚，不离婚就自残。父母被迫分居，她仍然时不时离家出走，只要手里有钱就自己跑了，例如坐着火车就到了济南、武汉、南昌等。派出所规定失踪24小时才能定性为走失，然后才会协助查找。所以上大学后，母亲辞掉事业单位工作，24小时陪读。

早恋是一朵不结果实的花，对高中生的学习和生活造成了很大影响。认清早恋的危害，时刻敲响警钟，对于高中生防微杜渐，避免不当的恋情是很有帮助的。

一、淡化概念，善于引导

一般认为，早恋发现得越早，解决起来就越容易。及时、准确地确定是否有早恋行为是很关键的一步。有时用"早恋"给高中生的感情扣帽子是很可怕的。在高中这个时期，有的高中生"恋爱"的本质，只是在强压之下寻求的一种情感寄托，并不是真的爱情。如果这个时候盲目指责，只会扩大家长与学生之间的心理距离，结果令学生越陷越深，不可自拔。明智的做法是对孩子表示理解和尊重，说明交朋友不应该仅限于同性，有了比较谈得来的异性朋友是成熟的表现。至于这种与异性朋友的关系的性质，不予以界定。

父母要善于引导，让孩子懂得人到了这个年纪有对异性的向往和追求是正常的心理，但是大量事实表明，高中学生首要的任务是学习，考上理想的大学，将来自己有了稳定的事业和收入，才有了谈婚论嫁、组建家庭的经济基础，否则一切都是空中楼阁。

二、分享感受，耐心教育

当家长得知孩子早恋了，并且已经导致成绩下滑了，肯定会因着急而生气。但请不要以训斥的口吻教育孩子，因为青春期的孩子叛逆心理都很强，很容易产生相反的效果。如果家长能以理解和尊重的态度，平心静气和孩子面对面深入谈一谈，孩子肯定会又惊讶又开心，自然就卸下了心理防备。这时，家长要注意"乘胜追击"，与他们探讨如下问题。

对方什么特点令你对之另眼相看？不论孩子怎样回答，都肯定他们的眼光。

和对方在一起的时候有什么样的感受？不论孩子如何描述，都表现得像孩子一样珍惜这样的感受，如果可以的话，可以谈一下当初家长自己恋爱时的感受。

和对方交往对自己有什么帮助？无论孩子从哪个方面阐述，都要把结论归结到对个人的终身发展上。

最后一定要表示："通过听你的描述，可以看出这个异性朋友是一个非常值得交的益友,希望你们能正常交往,互相促进。如果有机会,我希望认识一下他(她)。"

三、经常沟通,及时纠正

到这里,家长基本上已经明确了自己的立场,将自己的态度和期望都传达给了孩子,而他们也会用努力奋斗来回报你的尊重和理解。不过,孩子毕竟是孩子,在处理感情问题的时候,往往是不够理智的。所以,接下来的日子里,你一定要注意经常沟通,了解孩子每天或每周在学校的经历、感受,细心观察孩子的行为、情绪变化,一旦发现了异常,要及时询问原因,并给予他们处理问题的建议和方法。切忌带有不满和焦急的情绪,这样的情绪会令孩子失去安全感,在与家长沟通时会隐去重要的部分。

四、不忘鼓励,和善而坚定

其实,如果孩子能和家长分享他对异性朋友的感受,这已经不是"早恋"的问题了。接下来在注意经常沟通的同时,不忘肯定孩子任何一个细小的成绩。不仅仅是学习成绩的进步要肯定,生活习惯上的一些改变也要肯定。每一次肯定,都能传递给高中生欣赏的信息,这种信息能帮助他们树立信心。要给孩子树立一个他自己也认同的较高的目标,引领他们前进的方向。家长在此过程中要引导他们自主克服困难,朝着目标前进。

尊重、关怀、细心、掌握分寸在处理早恋问题上具有决定性意义。爱的情感产生,犹如含苞待放的花骨朵,开出什么样的花,这有赖于我们家长的爱护和教育。

孩子最反感父母讲"道理"

山东省青岛第六中学　王晓然

　　每个人的气质涵养都不一样,很重要的原因就是家庭教育不同。古代人重视家族家风,现代也有越来越多的人关注家庭教育。很多父母觉得自己给了孩子生命,养育了孩子长大,孩子就应该接受自己的思想和看待事物的方式,于是,讲道理、说教式教育在目前家庭教育中十分普遍。

　　有一位家长是一名小学老师,很重视家庭教育。她说没生孩子前,很瞧不上那些打孩子的人,觉得家长靠武力征服孩子真是无能。当她自己有了儿子后,遇到问题,总是耐心地跟孩子讲道理。但孩子慢慢长大,"以理服人"的办法越来越行不通了。孩子经常很固执逆反,怎么说都不听,身上一堆不好的习惯。所以她开始怀疑自己做得对不对。

　　想要"以理服人","理"不能是家长自以为是的"理",必须是孩子能接受的,社会能容纳的。经常有家长告诉我,家长十句话抵不上老师一句话,在家里,父母说什么孩子都要反对,其实出现这些情况的原因也不都在孩子,更多的是在父母。父母除了养育孩子,还应该为孩子提供可供参考的意见而不是代替孩子去做决定。一位学生的父亲想要完成一个医生梦但没做到,就硬逼着自己的孩子走上了学医的道路。由于孩子不感兴趣,大学四年荒废掉了,医生路走得举步维艰。所以,跟孩子讲道理,讲的不能仅是父母自己认可的"道理",而应该是尊重孩子,让他们按照自己的意愿去生活,感悟生活,这是谁都无法替代的。

　　当然,要教育孩子,不能不讲道理,但不能以大道理压人,因为道理要融化在孩子心里是很难的。改变"讲道理"的思维定式,变通一下,效果可能会好得多。孩子有时候确实会有些令人不可理喻的想法,给家长带来麻烦。想要孩子接受一个观点,从情绪上入手最容易,通过问答的方式,调动孩子去思考,刺激他天性中善良的一面。教学中我见过一位"屡教不改"的孩子,总是捣乱,确实让人感觉棘手。但深入了解一下他的家庭生活,就发现根源在于家长因为生了二胎对他不管不问,一言不合就打骂。许多家长都是这样,可以为孩子付出一切,却不肯在孩子面前放下自己的想法,不管大事小事,一旦孩子的想法和他的不一样,就会毫不犹豫地去劝说孩子服从。其实,父母如果放下身段,偶尔道个歉,孩子会感受到父母的爱。

美国教育专家杜威曾说过:"教育并不是一件'告知'和'被告知'的事情,而是一个主动的和建设性的过程,大家都认可这个观点,但在实践中却少有人做到。"要使儿童"明白道理",不要仅仅把道理告诉孩子,还要多多了解孩子、倾听孩子的声音,要以身作则,将说教变成爱的带领,用自己的行动影响孩子。

班主任是家庭和孩子的纽带

山东省青岛第十六中学　孙婧

2020年12月的一天，我像往常一样七点前就早早来到教室。我习惯性地扫视了一下班里的每一位同学，一是确保大家都按时到校，一个不少；二是观察每个孩子的神色，看看他们新的一天精神状态如何。王同学是一个安静的男生，他低调、好学、勤奋，还有那么点自负和倔强。那天的他尤为安静，当我和他四目相对时，他很快地低下头，脸上没有丝毫的笑意。由于多年班主任经验，我看得出那种感觉不是羞涩，而是心情不好的沮丧。第一节课是数学课，我没来得及多询问，回到了办公室，希望找一个合适的机会再一探究竟。电话铃响了，我看了看屏幕——"王X妈妈"，果然不出所料，一定是发生了什么。

我接起电话，只听见电话那边传来了十分生气的声音。这声音一反往日的常态。王同学的母亲平时温文尔雅，每次谈起孩子，最多的便是对孩子的关心。可是这次，她一上来就说道："孙老师，王X现在太不像话了，完全变了一个人，对父母非常不尊敬，自私自利，作为母亲，我觉得我的教育很失败。""王X妈妈，您别着急，有话慢慢说，是什么原因让您有这样的感受呢？"出于对王同学的了解，我觉得他之所以让妈妈这样，一定事出有因。"孙老师，昨天我和孩子爸爸加班，没能给孩子买到他要的书，他回来后不听任何解释就大发雷霆，数落我和他爸爸不关心他，只顾自己。还抱怨了很多平时我们做的点点滴滴，责怪我们不给他做可口的饭菜，完全不在乎他。孙老师，为了让他补身体，我每天晚上10点等他下夜自习回家，怕他太晚吃饭不消化，想着法子给他准备有营养但是热量低的海参汤。这孩子不但不感恩，却说出这样的话，太让人寒心了。我们为他付出的一切，他都看不见，就因为我们做的一两件不到位的小事，他就这样不尊重我们。他马上就成年了，怎么还这么自私，就算学习好又有什么用，以后您也不用管他了。"听完这些，我大体对事情有了一个初步的了解，但是作为班主任，我觉得有必要听一听孩子的说法。我一边安慰王同学妈妈，并告诉她不要着急生气，以我对王同学的了解，肯定事出有因，让她等我找孩子了解完情况后，再给她答复。

午饭后，我把王同学约到了学校的小花园。选择这里，一方面因为花园里有花草树木，可以舒缓心情，另一方面，这里不容易受到别的同学的干扰，适合孩子敞开心扉。从表面看，王同学仍然闷闷不乐，很明显，家里的事确实让他很苦恼。我试探着问："王X，今天我看你不太开心？有什么事想跟老师分享吗？"王同学默默低下头，没有说话。我继续说："我做你的班主任已经两年了，你应该很了解我的个性和为人，你完全可以信任我，让我帮你排忧解难。"王同学抬头看看我，终于鼓足勇气说："孙老师，我和爸妈闹别扭了，这次爸妈很生气，而我更加生气，昨天我嘱咐他们帮我买的辅导书他们又没给我买，这本书我等了一个月了。而且他们回到家就躺着，我在学校吃不饱，他们回家也不闻不问。上了高中后，他们完全不管我了，初中时对我的关心荡然无存，初中时他们手把手辅导我学习，现在什么都不管，就光顾着自己玩乐。昨天我和他们大吵了一架，我就再没跟他们说话，他们也没有主动跟我说话。"听到这，我终于明白了事情的原委。我把孩子拉到身边坐下，慢慢说："王X，你觉得老师平时忙不忙？"孩子迅速点点头，"当然忙，您每天早出晚归，我们还老让您操心。""是啊，爸爸妈妈也和我一样，只是你看见了我的工作状态，却没有看见爸爸妈妈的。你知道吗？我平时回到家也最喜欢躺着休息，不想多说一句话，我也会因为工作忙，忘记给孩子的承诺。你现在已经快成年了，应该多多体谅辛苦的爸爸妈妈。至于辅导学习，爸爸妈妈是真想在学习上帮你一把，但却无从下手，因为高中知识对于毕业多年的爸爸妈妈而言实在有难度。""可是，老师，我在学校吃不饱，回到家总该有人给我做顿好吃的吧？""孩子，妈妈不是特地每天晚上给你准备海参汤吗？""可是，老师，我特别不喜欢吃海参，说实在的，我就想吃点肉，但我又不好意思告诉妈妈。"听到这，我忍不住笑出声来，这也许就是大家常说的爸妈眼中的秋裤效应吧。很多事，爸妈认为是对孩子好，但是孩子却有自己的需求。"傻孩子，妈妈是怕你吃多了不消化。我知道了，我之后会和妈妈好好沟通，把你的想法转告给妈妈。但是，你是否认识到自己的错误呢？爸爸妈妈为了你，工作那么辛苦，你能和爸爸妈妈吵架吗？世上最大的伤心莫过于孩子对自己的不尊敬啊。爸爸妈妈是最爱你的人，你这样对待他们，他们多么伤心啊！老师知道你是个懂事的孩子，吵架只是一时的冲动，如果你们之间有矛盾，可以心平气和地沟通，如果不方便沟通，可以找我帮忙啊。"此时孩子的眼睛有些泛红，低头说："老师，我知道自己错了，以后我一定不惹爸爸妈妈生气了。"

放学前，我找孩子的妈妈进行了沟通，把我和孩子交流的内容告诉了妈妈，并介绍了青春期学生的叛逆心理和自主意识，希望妈妈也能从孩子的角度考虑一下问题。孩子妈妈在了解到孩子想法和孩子特殊年龄段的特点后，认真反思了自己做得不到位的地方，答应日后有所改变。我让孩子妈妈晚上回去观察孩子的表现，第二天再进行交流。

第二天一大早，王同学的妈妈就激动地给我打来电话，对我表示感谢，告诉我孩子回家后主动帮忙做家务并承认错误。孩子妈妈说要不是我从中帮助，自己差点酿成大错。这个结果，是我预期的结果。听了孩子妈妈的一番话，我心里倍感欣慰，自己的努力没有白费。

孩子和父母之间矛盾的产生不是一朝一夕的，而是长期慢慢形成的，这个案例中的买书事件仅仅是双方矛盾的导火索。父母和孩子由于年龄段特点、成长背景、文化水平等方面的不同，在看待问题和处理问题的角度上自然存在差异，双方各执一词。另外，我们常说，孩子是父母的影子，孩子的性格特征中存在着父母的性格特征，尤其是倔强固执的性格。当双方发生矛盾时，彼此谁都不愿从对方角度思考问题，更不愿意向对方低头。同时，很多父母以长辈自居，认为孩子在任何情况下都应该听从父母的安排，往往忽视孩子的感受。然而，随着时代的发展，当今社会的青少年具有空前的自我意识和独特个性。正是在这样的背景下，班主任被赋予的纽带作用显得尤为重要。班主任作为最了解孩子的人，作为父母与孩子都密切接触的中间人，同时也是父母与子女矛盾的局外人,能够更加清晰地了解他们出现矛盾的原因,于是应该充分发挥自己纽带的作用,用更为理智和个性化的方式帮助他们解决矛盾,帮助父母和孩子捅开彼此之间隐形的"窗户纸"。通过这个案例我想说,作为班主任,作为人民教师,自己真的责任重大。每个孩子的背后都是一个家庭,善待每个孩子是我的职责所在。

让成人礼成为家校共育的隆重仪式

山东省青岛第二中学分校 曹永婧

冠笄之礼是我国汉族传统的成人仪礼，在古代深入人心。在现代社会中，16～18岁的学生正处于高中学习阶段，因此，在高中校园内举办成人礼活动，可以有效地将学校、学生和家长融为一体，是学生德育的有效载体之一。

成人礼在我校已成为历届高二年级的重要育人活动之一。高二年级学生已褪去初中生的青涩，在感恩意识和自我规划等方面已有了较为充分的发展进步。通过这种传统的仪式，可以让学生正视自己在家庭和社会中所承担的责任，对父母也从原先的依赖转为更多的回报。

步入会场前，孩子们与父母手挽手一同走上红毯，穿过成人门，象征着亲情的凝聚和家庭的和谐统一。成长的途中有风有雨，但家长和孩子们同心同行，用最坚定的步伐和勇气互相搀扶越过困难，一路前行。

大屏幕上一帧帧照片的切换，出现了同学们从幼时到成年、父母们从青年到中年的照片，引领每个家庭回到从前，感悟时间流逝、光阴似箭。家长们为孩子送上成人家书和成人礼物，孩子回报家长感恩信以及精心准备的秘密礼物。现场父母和孩子面对面，紧紧相拥，给彼此一个结实的肩膀依靠。期待与感恩的碰撞，见证着孩子们的成长：不忘回报父母的养育之恩，不忘初心。

老师们的见证与祝福也是成人礼上必不可少的重要环节。学校领导和班主任为学生送上殷殷嘱托和寄语，叮嘱大家要懂得感恩，脚踏实地，勤奋刻苦，砥砺前行；希望大家树立远大理想，做有抱负的青年，树立强烈的责任意识，做有责任感的青年，坚持发奋学习，做有为青年，不负国家期望。

在学校的空间环境下，由学生、家长和老师共同完成的一次古礼和现代礼仪相结合的成人礼，是家校共育的有机结合。浓重的仪式感加深了学生对中华优秀传统文化的认识，起到了传承良好家风、助力家庭关系改善的重要作用，为家校沟通搭建了桥梁，实现了学校教育、家庭教育、社会教育的和谐统一。

高三,我们手拉手一起走过

山东省青岛第十六中学　孙婧

随着高考的日益临近,一些高三学生开始进入学习的瓶颈期,学习效率降低,家庭关系趋于紧张。面对这样的情况,很多家长内心焦虑但又无所适从,迫切需要得到专业的指导和帮助。作为班主任的我也很渴望能够通过和家长面对面的交流,充分了解学生在家的情况,根据不同学生的特点和需求,制定出有助于学生顺利度过高三的有效举措。因此,我产生了组织一次家长学校班会课的初衷,希望通过本次家长学校活动,达到促进家校联合,成就无悔高三,实现高考助力的目的。家长学校班会课如期顺利举行,通过活动后几个月的观察,我发现此次家长学校班会课对日后的班级管理和班主任工作有着巨大的影响,主要体现在以下几个方面。

一、家庭关系和谐了,亲子距离拉近了

通过开展本次家长学校班会课,家长们对孩子不为人知的一面有了全新的认识。家长在了解到孩子所处的特殊年龄阶段,以及他们真实的内心想法之后,在教师指导下,在模范家长行为的引领下,深刻反省了自己,并学会了与孩子交流的正确方式方法,避免了很多不必要的家庭冲突。学生们普遍觉得自己的父母改变了许多:家长们由原先的粗暴管理,到现在和颜悦色的倾听;由原先盲目的攀比,到现在切合实际的贴心关爱。家庭关系和谐了,亲子距离拉近了,家长和孩子的心态改善了,自然能够以一种平和的心态面对高考。

二、家长克服了不知所措的无奈，以积极的方式和心态配合学校工作

通过本节家长学校班会课，在得到学校相关部门卫生老师和心理老师专业性的指导，以及模范家长时效性的经验分享后，很多家长克服了原先不知所措、有劲使不出的苦恼，寻找到了有效的帮助孩子的方式，信心满满，立志成为优秀高三家长。

三、家长克服盲目，明确孩子未来发展方向，助力孩子人生规划

通过本次家长学校班会课，特别是活动中班级学生自编自导的家庭情景剧以及代表同学的优秀事例，家长们不再盲目追求分数，一味要求孩子在高考的独木桥上一决高低。他们对孩子的未来有了更为冷静和理性的思考，了解到条条大路通罗马的真正含义，明确了"适合自己孩子的才是最好的"这一先进的理念，支持和鼓励孩子个性化的发展，为孩子未来的人生规划增添了浓墨重彩的一笔。

四、学生更加理解家长，家长充分了解学生，彼此换位思考，携手高考

通过本次家长学校班会课，学生们看到家长们无私的付出。听到家长相互交流时诚恳的自我批评，以及家长最真诚的深情流露，孩子们沉默了。他们被父母们的一片苦心所打动，他们看到平时在家父母不曾展示出的一面。他们开始重新审视自己的所作所为，并打算做出改变。事后，有不少家长反映自己的孩子懂事了，对家长的态度改变了，最重要的是，孩子们学会了如何跟父母表达爱。

家长和学生的改变让我的内心无比激动。是啊，作为班主任，我最愿意看到的画面，应该是孩子们在学校、在家中最会心的欢笑、最快乐的畅谈！我相信，融洽的家庭氛围、平和的心态是孩子们奋力拼搏高考的最坚强后盾；我相信，只要家校配合，携手并进，相互陪伴，我们的孩子一定会在成长的过程中风雨无阻。家长学校是构建和谐社会的需要，让家长学校为家庭教育插上翅膀，帮助我们的孩子飞得更高更远吧！

如何构建和谐的亲子关系

山东省青岛市城阳区第三高级中学　李锡庆

　　家庭教育会影响孩子的一生,而教育问题中亲子关系是根本中的根本,因为亲子关系是所有社会人际关系的源头,良好的亲子关系胜过很多教育。但是,现在有太多家庭亲子关系并不那么完美。怎样才能克服障碍,构建和谐的亲子关系呢?

一、不溺爱,培养孩子独立性

　　很多孩子没有是非标准,没有自我约束能力,无视规则,不能正确地处理人际关系,有所谓的"社交恐惧症";例如我们常见的"妈宝男",上高中不会自己系鞋带,不能自己洗衣服;上大学也离不开妈妈,不能自己独立地生活。如果从小父母就让孩子学会自己承担责任,学会自己的事情自己做,就不会有这样的结果了。家长应学会适度放手,让孩子自己解决问题,让孩子自己完完整整地体验生活。可以不强迫,但不能随意放纵;可以商量,但不能纵容无管制;可以征求意见,但不可无原则。

二、拒绝专制,培养孩子自主性

　　通常,专制型父母在教育的过程中,享有绝对的权威。比如我们小时候,一言不合父母就会拿起衣架或者笤帚。很多父母觉得自己给了孩子生命,养育了孩子长大,孩子就应该接受自己的思想和看待事物的方式,所以大事小事总是替孩子做决定,高考选专业、选学校时,总是会见到家长和孩子吵得不可开交。

永远不能低估一个孩子想要做一件事的决心,不能按住一个有思想的人的心。想要风筝飞得高,手里的线就得拉长点。同样,若想让孩子成长得更好,父母也得学会适当的放手。

三、拒绝无视,让孩子内心充满爱

父母亲近孩子,才能让孩子依恋,孩子才能听父母的话,所以好的童年温暖一个人一生,而不健康的亲子关系却是对一个人一生的伤害。父母要用语言和特有的方式表达对孩子的爱,爱就要大声说出来,不让长时间看手机,让好好吃饭就是爱,一个拥抱也是爱。不要阻止孩子爱父母。当孩子试图帮助父母的时候不要阻止他;当4岁的孩子想帮你盛饭,不要怕他会打翻碗而阻止他,静静地坐着等孩子为你盛饭。当10岁的孩子想为你做一顿饭,不要说"不用你帮忙,你不会做,你好好学习就够了",要鼓励孩子去做饭,并给出相应的指导和表扬。

几天前的凌晨,邻居突发疾病紧急入院治疗,由于妻子要回家照顾小女儿,在医院陪护任务就交给了12岁的大儿子昊昊。昊昊坐在病床前陪了爸爸一个晚上,及时地找护士帮爸爸换输液瓶,给爸爸盖被子。担心爸爸输液的手冷,他一直用自己的手捂住爸爸的手帮爸爸取暖。第二天邻居看着儿子的熊猫眼大为感动。我相信换成有的父母,肯定不舍得让十几岁的孩子辛苦陪床,但是只有我们舍得用孩子,并且不阻止孩子爱父母,孩子才会有成就感,才会懂得如何去关心别人照顾别人。

四、评价孩子不要只看成绩

成绩造成了中国父母的焦虑,很多家长会不惜一切代价让孩子提高成绩,完全看不到孩子其他方面的优点,还美其名曰:"我这都是为了你好!"其实,现在适合社会发展要求的路很多,学生有时比家长还要明白这一点,会演讲、会唱歌、会画画、会跳舞甚至会打游戏也能通过电竞为国争光。现代社会发展日新月异,哪一条路都能走得通,哪一种好的表现都应该被父母赞扬。

好的亲子关系胜过一切教育,决定了孩子一生的幸福。最好的亲子关系应该是"爹像爹,妈像妈,娃像娃",和孩子处在平等的位置上,把孩子当朋友,做到陪伴、尊重和理解,并且还要以孩子的视角来看待世界。而且,好的亲子关系需要父母精心经营,为孩子创造和谐的家庭环境,自己做好榜样,父母之间相互关爱,相互理解,孩子才会有样学样,内心充满爱,过好自己的生活。

第三编 ｜ 教育智慧

构建优良家庭风尚，构筑和谐成长环境

山东省青岛第十九中学　姜文正

　　家庭是社会的基本细胞。党的十八大以来，习近平总书记对家庭、家风有诸多重要论述，立意高远、内涵丰富。习总书记说，家风家教是一个家庭最宝贵的财富，是留给子孙后代最好的遗产。要推动全社会注重家庭家教家风建设，激励子孙后代增强家国情怀，努力成长为对国家、对社会有用之才。有什么样的家教，就有什么样的人，好的家风会引领人向上向善。

　　家风是家庭或家族世代相传的风尚，是家庭生活的作风。家风还是家族代代相传所沿袭的能够体现家族精神风貌、道德品质、审美格调和生活气质的整体家族文化风格，能够为家庭后人提供价值准则和道德指引。家风往往是家族链中出类拔萃、众望所归的家族成员的言行经过家族子孙代代延续，形成的鲜明的家族之风。

　　家风是中华民族历史长河中的一种文化积淀，是中华民族家庭文化的一种独特内涵，彰显着中华优秀传统文化所特有的厚重感和时代感，闪烁着中华文明的历史印记与时代光辉。一个家庭在长期延续过程中，会形成自己独特的风习与风貌。这种内隐的精神风貌和风尚习气，以隐性的状态存在于家庭日常生活的方方面面，深刻影响家庭成员的精神与言行。家庭成员的举手投足间，都透露出特有的习性。稳定的家风，就成了教化的资源，对家庭成员具有熏染的功效，使得家庭成员在耳濡目染中获得了家庭的精神气息，具有润物细无声的教育意义。

　　中华优秀传统文化中，家风敦厚尤其重要，著名的有"修身、齐家、治国、平天下""传家无别法,非耕即读;裕后有良图,唯俭与勤""朱子家训"等。无论是家国天下、耕读传家,还是积德行善、仁孝清廉,都是优秀家风的底蕴传承。小家庭构成大社会,家庭的家风健康积极,就会潜移默化地影响家庭成员,形成良好的道德操守,进而提升整个社会的道德水平,对其他社会成员同样产生积极引导的作用。构建优良家风,就是为孩子构筑和谐成长环境。

一、身体力行,构建和睦氛围

在家庭生活中,生活琐事难免引发分歧,家长应学会控制情绪,理性分析和解决生活中出现的问题,尽量减少家庭中的矛盾冲突、问题纷争等,学会用沟通交流的方式解决问题,营造温馨、和睦的家庭氛围。

二、率先垂范,发挥榜样作用

家长作为孩子的第一任老师,应率先垂范,在生活中时刻以模范榜样的角色为孩子的行为提供效仿的参照,引领孩子形成良好的行为准则和处事方式。家长应成为孩子成长发展的引领者和示范者。

三、立家规,严要求,为孩子系好人生第一粒扣子

家长要树立正确的家庭风气,使之与社会主义核心价值观紧密结合,落实到日常言行之中,发挥家庭教育的最大功效,帮孩子系好人生的第一粒扣子,帮孩子迈好成长发展的第一步。

无论时代发生多大变化,不论生活发生多大改变,中华儿女都要重视家庭建设,注重家庭、家教、家风,紧密培育和弘扬社会主义核心价值观,发扬光大中华民族传统家庭美德,促进家庭和睦,促进下一代健康成长,促进老年人老有所养,使千千万万个家庭成为国家发展、民族进步、社会和谐的重要基点。

家风是给孩子的最大财富

山东省青岛第六十七中学　姜修亮

　　家风是家国一体,没有大国哪有小家?小家好了,大国才强盛;家风是俭和廉,对自己要求节俭,不奢望,不奢华;对外要清廉,不取不义之财,不顶名不副实之荣。

　　家风是善和仁,对自己要求说文明话做文明人,对外要求达则济天下;家风是孝和忠,对内孝敬双亲,对外忠于职守;家风是优秀传统文化的家庭化表现,是接续五千年磅礴力量的必塑要事,也是迈向未来的根基所在,需要我们接续传承。

　　当下很多人热衷塑身,更多的人关注塑精神的材、塑心理的材。如果塑身健硕了用于打架,赢了肢体,输了人品。

　　一言一行皆有影响力和示范性。多以乐观对事,多以豁达对人。替对方考虑的微笑,考虑自己的生气,两者大不同。好言好语好事塑造美德,花言巧语托词借口贬低德行。家庭教育中,问题出现后,孩子多是渴望被包容和被帮助解决问题。

　　在问题面前,如果以私利面对,多会胆怯,而后退,则是在不断贬低自己;如果多为对方考虑,施以包容,则会前行,同时也在提升自己。那家长(老师)就需要给予包容和支持,满足对方的成长需要。这样做的效果是失去怨恨,实现育心。

　　教育孩子需要一颗同情心。"同情"是与孩子同甘共苦,是同志,是一个人。如只能同甘,不能共苦,孩子也会学会的。家风是给孩子的最大财富。古风可以留存,时空可以超越,信念可以传递。知行合一,代代相传。

　　然而,现实中,很多孩子不是被爱喂大的,而是在非教育手段环境中"长大"的。经历过无数的非教育手段实施,有的孩子对一些合规合法的教育方式已经刀枪不入,油盐不进了。最典型的就是,嘱咐的声音小了无效,非要通过声色俱厉的大吼大叫,甚至惩戒才会让事项"深入人心"。

　　如果把气力用在展示塑造优秀的品行中,便会对孩子有积极影响。如果嗓门高音量大等于智慧的教育的话,那就太矮化贬低智慧了。

相信成长的力量

山东省青岛第六十七中学　　盛盈盈

"家庭是人生的第一所学校,家长是孩子的第一任老师,要给孩子讲好人生第一课,帮助扣好人生第一粒扣子。"习近平总书记在全国教育大会上对家庭教育的重要阐述,深刻地诠释了家庭教育的重要任务和目标方向。如何让家庭教育更有效、更有智慧,是我们一直在探讨的。今天我想通过一则绘本小故事,带领大家感受教育的本质,陪伴的力量。

小蓝雀是一只鸟,但她是一只不会飞的鸟。当其他的鸟在天空展翅飞翔的时候,她只能站在地上羡慕地看着,没有一只鸟愿意和她做朋友。歪歪兔和朋友们想让这只不会飞的小蓝雀飞起来!

他们用了很多的办法,乖乖羊为她织了一对大大的羊毛翅膀,然后套在小蓝雀的小翅膀上。拉拉鼠掏出来一把气球,一个个全都绑在小蓝雀的身上。威威龙叫道:"我们龙族只要学会咒语,能吞云吐雾,就能飞起来,我来教你咒语!"小蓝雀认真地把咒语念了一遍又一遍。可是,小蓝雀还是飞不起来,她沮丧极了!大家都有点泄气,谁也不说话了——教一只鸟学会飞,怎么就这么难?

歪歪兔想起自己学习跃过灌木丛的情形,要想真正飞起来,还得靠小蓝雀自己的力量。歪歪兔用自己的亲身经历耐心引导着小蓝雀。歪歪兔鼓励道:"小蓝雀,记住,你是一只鸟,你一定能飞起来!"小蓝雀点了点头,重新站在了树桩上。

小蓝雀仰望天空,找了一朵自己喜欢的云朵。一下、两下、三下……她飞快地扇动着翅膀。虽然依然失败了,但是歪歪兔不断鼓励她,还用自己胳膊上的伤疤,来证明成功都要经历痛苦。

最终小蓝雀真的飞起来了。小蓝雀兴奋极了,不停地感谢歪歪兔。"让你学会飞的不是我,而是你自己呀!小蓝雀,你得相信自己的力量,很多事没那么难,坚持一下就成了!"歪歪兔说。

读完这个故事你想到了什么?那只不会飞的小蓝雀像不像我们所谓的"后进生",像不像你眼中不开窍的"问题孩子"?伴随他们的胆小、自卑、孤立阻碍着他们前进的脚步,一次次失败的绝望,让他们自己也开始相信或许自己就该是一只不会飞的鸟。

对于新时代的家长来说,"教育的焦虑"似乎一直如影随形。当然如果你的孩子身上也有小蓝雀的问题,也许你的焦虑会失控。"失控的焦虑"会像套在小鸟身上的大大的羊毛翅膀、绑在身上不受控制的气球和扑面而来絮絮叨叨的咒语。这些方法像极了家长为孩子报的各种辅导班,像极了家里备好的各种乐器,像极了所谓"为你好"的长篇大论……这些方法只为了让孩子"成功进步",而不是成长!最终,期待与现实的差距会一点点拉开父母与孩子的距离,会一次次扑灭孩子内心仅存的希望。

生命发展的主要任务是成长,是使每个人的潜能得到充分发挥,成长为最好的自己。知识与学业只是成长的一部分,人格、能力、思想、道德同样需要发展。家庭要为孩子的生命发展提供良好的环境与条件,做好孩子的人生导师,帮助孩子拓展生命的长宽高。相信很多人读了故事后都会有自己的思考,其中我读懂了三点,希望每一位家长在焦虑的同时能保持理智,相信每一个生命渴望生长的力量。

一、理解是尊重的前提

苏联著名作家高尔基曾说过一句话:"如果人们不会互相理解,那么他们怎么能学会默默地互相尊重呢?"就像故事中歪歪兔之前的小伙伴们并不能理解小蓝雀不会飞的真正原因,只是把自己以为对的方式强加到小蓝雀的身上。他们用尽了浑身解数,不仅没起到作用,一次次失败的打击,还让小蓝雀失去了尝试的勇气,从某种意义上说这就是对生命的不尊重。

　　了解事实,不代表理解对方,没有理解的前提又谈何尊重?现今的许多家长或许十分了解自己的孩子,但却不一定理解孩子。很多家长为孩子而做的事情并不是孩子内心的真正所求,而认为孩子内心渴望的事情是荒谬可笑的,这又何尝不是一种误解?

　　那么,什么是理解?如何做到真正的理解?《非暴力沟通》一书中强调倾听的重要性,而建议、安慰、同情、回忆等行为,更像是在诊断人,而不是倾听。我们需要做的,是放下已有的想法和判断,一心一意地体会他人。我认为真正的理解,就像是歪歪兔那样感受到小蓝雀绝望的内心,理解小蓝雀内心深处的恐惧和不安,在尊重的前提下而采取的帮助。我举一个自己孩子的例子:儿子希望我每天陪他玩,每天都说不让我去上班,之前我会解释说我为什么要去上班,但孩子不能理解,效果并不好。后来我试着站在孩子的立场来想,他不过是希望我多陪陪他,我把之前的各种解释变成一句话,"你希望妈妈陪你玩,对吗?"他就坚定地"嗯"一声,然后立马不再纠缠了。我认为他觉得妈妈感受到了他内心的需求,并且相信会尽力满足他的感受和需求。这或许就是理解的力量,是对他人尊重的前提。

二、信任是沟通的基础

　　当大家想尽了各种办法,却又一次次让小蓝雀遭到挫折的时候,不仅小蓝雀流下了绝望的眼泪,甚至大家都开始怀疑——"教一只鸟学会飞,怎么就这么难"。这时大家开始不再相信小蓝雀真的会飞。是歪歪兔的信任,让小蓝雀再次鼓起勇气尝试起飞,就算失败了也不气馁退缩。一个人只有被他人充分理解、信任之后,才能最大限度地发挥自己的能力,甚至会创造奇迹,这是信任的力量!

　　瑞士教育家裴斯泰洛齐在《与友人谈斯坦兹经验的信》中说:"第一件要做的事,就是要赢得孩子们的信任和热情。我相信,假如我做到了这一点,其余的一切问题都会随着解决了。"正处在青春期的中学生,成人意识强,敏感,开始与父母疏远,而且逆反心理强。很多问题处理不当就容易激化矛盾。不信任开始渐渐凸显,父母不信任孩子,孩子就会更加不相信自己,一方面会导致学生自暴自弃,另一方面会使父母与子女亲情淡漠,使学生感受不到家庭的温暖。

著名的罗森塔尔效应告诉人们:学生能否持之以恒地学习,与家长和教师的信任程度有密切的关系。要相信孩子,让孩子做力所能及的事,在日常生活中,要善于发现孩子的优点和长处,多给孩子鼓励。

三、陪伴是最好的引导

青春期的孩子,自我意识膨胀,独立性增强,希望和父母建立平等的对话关系,渴望被认可、被尊重。但这些都是表象。这些变化都是正在进行的过程,他们各方面都是不完善、不成熟的,还没有形成相对稳定的个性,不可能真正独立。其实,不管在孩子成长的哪个阶段,孩子内心渴望的永远是父母的陪伴。陪伴,才是最好的引导。

歪歪兔用自己故事激励着小蓝雀,用亲身示范引导着小蓝雀,这种执着坚定的陪伴和用心的引导比重复说教或制定规矩更有价值。歪歪兔以美丽的云朵为目标,激发了小蓝雀内心深处的那份渴望,坚定了努力成长的方向,一点点引导小蓝雀起飞翱翔。哪怕失败了,依然坚定地陪伴,而不需要多余的话语。小蓝雀此时已经学会从失败中找寻原因,只为最终达到心中的目标。我认为这是陪伴的力量。

陪伴本身就是一种教育,无论是家长的陪伴,还是学校教师的陪伴,对孩子来说都至关重要。陪伴孩子成长的过程中一定要记得:陪伴而不唠叨,引导而不控制! 要为孩子树立正确的榜样,用爱陪伴,用心引导!

理解、信任、陪伴,每一个词都耳熟能详,每一个词都意味着责任和担当,每一个词赋予生命鲜活的力量。对新时代的家长而言,焦虑或许难以避免,但我们可以尝试多一些理解、信任和陪伴,当然最终我们是要推动生命内在渴望成长的力量。没有一个生命不渴望成长,就像鸟儿会学会飞翔,百合会学会绽放,每一个生命都会有发光出彩的地方,我们只需要相信成长的力量!

如何培养一个优秀上进的孩子

山东省青岛第六十七中学　姜修亮

亲子交流作为最常规和最重要的交流方式在实施家庭教育中起着极其重要的作用。总体而言，就是要好好说话。第一个"好"，是慎重使用传统教育方式；第二个"好"，是克制自己面对问题时的不良情绪，要朝着和"简单粗暴"相反的方向转化。

我曾撰文强调学习方式和授课模式对学生的影响至关重要。犹如向量，其中的方向至关重要。家庭教育中与孩子的相处模式也是重要的。只有当家庭教育模式与学校教育模式相当或者超越学校水准的时候，才更利于孩子成长。否则，两者便是相冲突相消解的。

与孩子的相处模式如果是健康的，那么这种模式会塑造健康；如果是快乐的模式，则会塑造快乐；如果是打压逼迫式的，则会消解主动和自信。越是能看清问题的本质和背景，自然就越能找到管用不费劲的办法。最常见的问题就是：识别不出问题，识别错误问题，曲解问题。这些认知上的问题都会导致后续的办法毫无意义。对于处理亲子关系，要想获得更多积极有益的模式，最好的办法就是学会思考，提升自己。学习前后左右人走过的心路历程，再结合自己的实际情况，加以运用。仅仅靠祖传的育儿经验，难以应对新时代孩子的成长需求。

问题如何识别？主要从三个维度展开思考。一个是孩子成长需要，二是家长期待，三是社会要求。问题从哪里来？就是从"孩子需要"与"家长期待""社会要求"的差距中产生。

请注意，家长和老师一般要"柔性"出场，避免仓促火爆迎战；引导后，"刚性"出场，退出引导。如何引导？一定要和孩子的潜能相匹配。潜能预示着未来的发展阶段。所以，还是要了解孩子。"柔性"出场，实际上是在修复关系，"刚性"退场，实际上是在解决问题。问题层出不穷，成长才无限可能。识别问题是育儿的第一步，接着就要用发展的眼光看问题，指出下一步该如何做。在出现问题时，我们不妨向孩子提出几个问题实施引导：（1）你对这个事情的感受如何？（2）你有更好的方案吗？（3）你打算如何做到？（4）你需要我提供什么支持？

从根本上说，要学会做快乐的家长，学会做快乐的老师。为什么要用两个"学会"？因为不是每个人天生都具备这个能力和素养。所以，要"学"才能"会"。家长和老师只有不断提升育人能力才会降低问题的难度。这也是唯一能做的事。很遗憾，很多人意识不到这个问题，当好父母和老师绝不是天生就会就能的一件事，而是后天不断精进才可以逐步做到的。

要学会成为快乐的家长、快乐的老师就要做到"助人为乐"。请注意是"助人为乐"，不是"助人为苦"。当下的一个的问题是：助孩子为苦，然后让家长老师更苦。孩子既是学校人，也是社会人、生活人。所以，家长更多地是要引导孩子具有优秀的品质。用优秀品质驱动语言和行动。还要引导孩子学会人生技能，超越自己，做一个有益于社会的人。

很多人认为，对孩子讲理是无用的。其实，不懂道理的人才会诋毁道理的价值。我们都知道有"管理学"，你可听说过有"管人学"？如果不懂管"道理"，工作容易沦为"管人"。一旦方式不妥当，就会出现事故，甚至不可收场。如果和孩子一起管"道理"，那局面就大不一样。

正向教育的重要价值，就是在感觉良好的前提下做良好的事、做良好的人，而不是采用"打骂驱动""恐惧驱动""监察驱动"等负向驱动。负向驱动偶尔也能驱使人把事情做好，但是根本而言，人是不大成长的，毫无幸福感可言。

生活中，少用祈使句，其中充满了命令和要求。一个人的三观通过说话、办事非常容易就能感觉得到。通过结构化思维，对一个人的知、情、意、行进行解剖认知（犹如面试、批作文），很快就能认识到这个人的段位。

生活中,一个人对孩子如果爱说疑问句,那么孩子就善于思考;如果总爱命令孩子,那孩子就学会了等待;如果对孩子经常说"我们商量一下",那孩子就有了自尊和自信。有正向背景的语言就是这么神奇。孩子每天都在长大,我们以怎样的三观雕刻和引导孩子,孩子就会长成什么样子。说到底,孩子是人工精神的产物。孩子把积极优秀的文化长进精神世界,一定会是优秀上进的孩子。

唤醒情感,点燃生命

山东省青岛第六十七中学　盛盈盈

苏霍姆林斯基指出:"教孩子用心灵观察、理解、感觉周围的人们——这看来是花园中最为幽香的一朵花,它的名字就叫作情感教育。"当今社会,我们要培养德智体美劳全面发展的时代新人,其中德是统领,我认为本质上就是情感教育。对于一个正在成长的学生个体来说,学校教育和家庭教育应该担负起情感教育的责任,不断地唤醒学生的情感体验,从而构建学生的精神生命。

情感教育是师生精神生活一致性的体现。作为高一班主任,在与学生沟通交流、教育引导过程中,我发现了许多新问题。一是有的学生面对错误不会反思,对于老师的好心劝导没有反应,导致老师不得不大声吆喝或者给予惩处,甚至有些学生面对惩处依然不为所动,屡次再犯。二是有的学生对于学校活动参与积极性不高,缺乏集体荣誉感,闭锁在自己的小天地里过着只关心自己狭隘利益的生活。我认为以上情感的漠视和个人主义的祸根源于缺乏情感教育。情感教育不应该全部由学校教育承担,苏霍姆林斯基这样写道:"我在学校工作三十多年,经验使我确信,只是在儿童上学后,才由老师去接触父母都没有触动过的大理石,开始培养情感,为时已经晚了。"假如儿童在家里没有受到情感教育,他就不可能用心灵认识世界和接受老师的话。

家庭环境是孩子接受情感熏陶的最早基地,父母也是孩子最早并且是无可替代的情感教育者。

一、成为孩子的朋友

对青春期之前的孩子，父母基本能够以长者自居，为孩子讲故事，带孩子做游戏，指导孩子完成作业。一旦进入青春期，以"叛逆""反抗"为代名词的自主意识开始崛起，他们需要属于自己的一方天地和精神世界。这个时期必须放下权威和架子，尊重孩子，努力成为他可以信赖的朋友，一起约定保守秘密，一如苏霍姆林斯基给家长们的建议："你们与少年的相互关系应该渗透着平等的精神，同时也要渗透着对长者的生活阅历的尊重；要珍视少年对独立的追求。"

二、正确表达对孩子的爱

情感教育就是爱的教育，父母对子女真诚的爱的情感是子女身心健康成长的酵素。他们的热切盼望、优秀的榜样、严格的要求、坚定的意志和无私的奉献是子女早期教育(乃至一生教育)中最丰富的精神食粮。

父母应该给孩子真正的爱，其中包括物质关心与精神关怀；父母更应该引导孩子学会爱。因为儿童的学习是观察学习，儿童的文化是模仿文化，孩子是在体验中长大的。尽管家庭教育中一定会有说教，也有许多知识和技能的教导，但家庭教育的本质不是知识教育，也不是说理的教育，而应该是情感教育。孩子需要爱的滋润，父母要以情育情，但必须正确、理智地爱孩子，不能溺爱娇纵孩子，要限制孩子过分的愿望，要让孩子知道，家里不但有自己，还有别人；不但自己有愿望，别人也有愿望，为了满足别人的愿望，有时就要克制自己的愿望。

三、用行动点燃情感的火花

许多升入高中的新生，褪去开学初期的对新环境的新奇、敬畏和探索，面临繁重的课业压力，如果没有一个坚定信念是很难坚持坐在教室里维持学习激情的，这个信念具象化就是我们常说的目标。调查发现，很多孩子在这个阶段是没有明确目标的，更不知如何去找寻和确定目标。在这种盲从状态中，很难获取自我存在的意义和自我实现的价值感，无法激荡少年心中本应该有的感情火花,从而养成冷漠和伪善的品质。

感情上的沉睡状态,是少年教育工作中最大的危险。孩子是父母的一面镜子。家长应该以身作则,言传身教,协助缺乏经验的少年们找到一条能为自己的心灵之火指明方向的道路,在一路探寻中努力点燃他们评价周围世界的情感火花,用心倾听他们的意见和想法,一起与孩子讨论交流那些让他们心潮难平的事情。

家庭教育的本质应该是情感教育。试想家庭教育缺乏了情感,教育者与被教育者也许就成冤家了。情感教育是家庭教育过程的重要部分,它关注教育过程中孩子的态度、情绪、情感以及信念,以促进孩子的个体发展和整个社会的健康发展。

如何当好孩子的第一任老师

山东省青岛第六十七中学　姜修亮

家长作为孩子的老师，要做到在编、在职、在岗，既是第一任，也是终身责任制。日常生活中，孩子的言行举止，与生活环境尤其是与父母同频共振。

如果孩子被灌输了自责、自负等负面为主的心灵模式，那孩子就容易在恐惧、焦虑、痛苦中度过终生。对孩子而言，如果只有身体长个子，心理和精神不长个子，孩子就会不敢面对自己真实的心理面貌和精神面貌。

总之，不是孩子主动积极去学习的，我们平时只能看到孩子的勤奋和努力，却不容易察觉孩子内心是否被扭曲。孩子的学习一开始往往没有太多主动的，都要逼一逼，但是不能总是通过逼迫实现孩子的进步，而是要升级转化为让孩子能够实现主动自觉学习，这个转化升级很重要。然而，很多人就停止在逼迫上不再升级了。为什么？因为命令要求最没有技术含量，每个正常人都会，操作简单。但是，往往没有含金量的技术不具备高阶思维，也就不能解决教育这个复杂的问题。

顺便说一句，被逼着学，考重点大学的概率很小，因为重点大学的学习环境要求学生的自主性、主动性很高。高中时就不具备，通过高考自然就选拔不上。学习的自主性、主动性冥冥之中早已让你上了某所配套的大学。

望子成龙，望女成凤。想想还是可以的，但是千万不要以此为标准来雕刻，否则就是害了孩子。

面对社会的压力和挑剔，一个幼小的心灵确实应该得到呵护和关照。如果家庭环境中父母本身就飞扬跋扈、无底线、无规则，那么孩子无法按照天性成长,焦虑恐惧就产生了。

父母的智慧会遗传给孩子,焦虑和恐惧也是一样的。给孩子无条件的爱非常重要。生活中,很多给予孩子的"爱",看似是无私的,实际上却是自私的。

比如,我们经常听到的一句话"孩子,我都是为了你好"。表面是为了孩子,实质很多是家长内心恐惧和焦虑的表现。学生成绩看起来和学校有关,其实根源性因素在家庭。比如,做一道很难的数学题,需要孩子有很强的探索精神和勇气才会攻坚克难,如愿以偿。

如果家庭中孩子要做这事、那事,父母怕累着、怕伤着孩子,不能放手让孩子在生活中探索,哪怕是探险,那解答数学题就很困难。根本原因,在于品质不具备,而不是公式不熟练,不是知识点没背过,更不是做题做少了。学习品质一定是家庭生活品质的外化和延伸,不在根源上下功夫,而转向方法和技巧,做多少题也没用。

语言是我们生活中常用的沟通媒介。家长、老师用得好,字字句句育人育心,用得不好,却在诛心。怎么能用得好?得用心。这"用心"能用到多大程度,就看个人的努力了。

说话最容易,其实也最难,尤其是在孩子面前。

不夸张地说,只要是面对孩子,家长就要担负起育孩责任,不是什么话都可以说,什么事都可以做,什么场合都可以带孩子去的。这话该说什么,该怎么说,说到什么程度,取决于孩子在父母心中的定位。孩子犯错之后,一般会有恐惧、担心的念头,其实内心已经够难受和自责了。如果这个时候家长再火上浇油,暴跳如雷,那就开始把孩子培养坏了。

时间久了,孩子就不敢犯错。即使犯错了,也不敢承认。这就堵塞了进步的通道。因为,人都是在犯错中实现进步的。

一看气质就能看出来的,一旦触动他内心最脆弱处时,就容易发生问题或悲剧。尤其是遇到某件事,比如考试考不好的时候,他就会认定自己很笨、不灵巧。这便是孩子给自己的定位。

如果周边有人嘴边出现了"笨蛋""傻子"这样不好的字眼,他就会把这些字眼强制性往自己身上对号,会导致很多不良影响。这种环境对孩子的影响,根源在于孩子不能面对自己的实际。为什么会这样？是因为在幼小的时候，原生环境对其不良影响造成的。

如果孩子的内心是痛苦的，那背后一定是父母或社会的"贪婪"。有一个词是"逆来顺受"，词典解释是"对别人的欺负或无理的待遇采取忍受的态度"。我认为解读为"忍受"是不益于读者的。如果解读为"自然的接纳"，则对世人的生活更有意义。字词句的价值，绝不在于读一读、写一写。文字中蕴含着无穷的生活智慧。

"方法""技巧"，被很多学生所仰慕，同样也被很多家长仰慕。寄希望于能找到世界上最好使的办法，一下子就解决问题了，这是个误区，也是个假命题。这种追求实际上是舍本逐末了。

要想从根本上解决学业成绩不理想的问题，根本上要做的事是反思自己的三观，形成正确的三观。比如，一个人能承认自己是个普通人，也就容易在不足面前不回避，自然心情舒畅。目标是有的，但是心态是坦然的：不欺骗自己，不欺骗世界。梦想是要有的，做梦都想要的人和事才是自己潜意识里的本真。

如果孩子在家庭教育环节出现问题，那就必须在家庭教育中调节。学校教育代替不了家庭教育。这就像思维的问题一定是在思考训练中解决，背诵的问题需要记忆来解决。对于学习而言，很多字词句背诵得很熟练，但是用不上，关键点在于没有走心。如何走心？要去运用解决问题，才有切身体验，才会更加深刻地理解。

至于运用，必须科学规范。这是个极其专业的问题，此处不再赘述。大家可以参照《中国高考评价体系》、课程标准、课本、教参来具体学习操作。

家庭教育中父亲角色的作用

山东省青岛第六中学　王晓然

　　父亲是家庭中非常重要的角色,父亲角色跟母亲角色有很多的不同。那么,父亲对孩子应该是充满慈爱的、接受的,还是应该严厉的呢? 在这个问题上也有很多不同的观点,但在现实中很多父亲在教养孩子的问题上扮演着边缘的角色。比如说很多孩子称父亲是"睡在家里的叔叔"。他们很少参与孩子的教育,很少跟孩子的老师有积极互动,甚至他们很少在家里吃饭。社会文化和社会性别分工让很多人认为丈夫角色应该优于父亲角色,因而父亲对于孩子的关注就大大减少了。

　　实际上父亲应该重新调整性别角色观念。父亲在孩子的成长当中,有很多不同于母亲的作用。首先,父亲跟孩子的游戏方式跟母亲是完全不一样的,父亲更喜欢不寻常的、不可预期的,甚至有点粗犷、冒险的那种。游戏形式上,父亲跟母亲也不一样,父亲更喜欢运动型的,比如说奔跑、踢球、跳跃。父亲跟孩子的互动方式跟母亲不同,还在于在语言方面。父亲的语言往往更正式、复杂,而母亲的语言则有很多儿化音,比如说母亲常说"宝宝吃饭饭儿",父亲却更喜欢叫全名。这些对孩子有很多不同的影响,它能够刺激孩子的认知和语言的发展。父亲在跟孩子积极的互动当中,也给孩子提供了积极的、强烈的情感体验,这对孩子发展积极的情绪非常有好处。父亲跟孩子的这种互动方式也促进了孩子社会性的发展,为孩子提供了安全感,为孩子提供了冒险、幽默、合作、竞争、独立等这样的特征,并且给孩子提供了非常积极的人际关系。

　　父亲跟孩子在互动的过程当中,也能够成为男孩的男性榜样,并且有利于孩子形成更高的成就动机。父亲跟孩子的互动过程,对男孩和女孩的性别角色也都有非常积极的影响。父亲能够帮助男孩形成男性的性别角色,又能使女孩更好地形成自己的思想,并且保持独立、乐观向上。父亲参与养育孩子还能对夫妻关系形成好的影响。

那么,怎样才能培养好父亲呢?首先要调整社会的性别角色,应该让更多的父亲承担养育孩子的工作,并且帮助父亲感受养育孩子的快乐,努力让父亲参与生产过程和婴儿的抚育工作。同时,也应该教父亲学习情感表达和沟通的技巧,比如如何陪伴、如何拥抱、如何跟孩子一起游戏。

家庭教育中母亲角色的作用

山东省青岛第六中学 王晓然

在家庭教育当中,母亲能够非常好地、有弹性地、有耐心地管教孩子。母亲还能够平衡亲子之间的关系。母亲对于儿童的发展有多方面的影响,最重要的就是要和孩子建立一种依恋关系。

每一个家庭当中的母亲角色最容易实现对孩子的敏感、反应和接受。所谓的敏感就是对孩子的需要敏感,对孩子的情绪敏感。所谓的反应就是能够积极地回应孩子的需求,当孩子有需要的时候能够给予回应,并且接受孩子的所有的问题,包括他的情绪问题,包括他的行为问题。在这个过程当中,母亲跟孩子建立安全的依恋关系,这种依恋关系在孩子的成长中起着非常重要的作用。母亲在与孩子互动过程中,也能够促使孩子产生好奇心、探索行为,并且促进他智力的发展。

如果孩子跟母亲建立了消极的、不安全的依恋关系,比如说回避型依恋,或者是反抗型依恋,那么这个孩子长大了之后有可能建立反抗型的人际关系。有不少小时候和妈妈不能建立亲密关系的孩子,长大后也不能和其他人建立好友好关系。所以,一个家庭中母亲的作用是举足轻重的。

母亲的工作会不会对孩子形成不利影响,这是很多家庭关心的问题。其实,母亲的工作并不会影响到孩子的教育。有很多相关研究表明,母亲工作与孩子的成就动机是有密切关系的。如果母亲能够努力地追求工作中获得成就,并且投入工作,当然同时也能够保持跟孩子高质量的互动,那么孩子的成就动机及孩子的学业成就也就更高。孩子需要陪伴,但更需要引导和榜样力量。就像谷爱凌的妈妈谷燕女士,自己有繁忙的工作,但依然能够花很多时间和精力陪伴女儿滑雪。这样的用心陪伴才是有效陪伴。

家庭教育中父母教育一致性的重要意义

山东省青岛第六十七中学 盛盈盈

在学校老师们的对话中,我们常能听到这样一句话:"孩子就是父母的镜子,许多不良问题都源自父母及其错误的家庭教育方式。"随着社会的发展,许多家长的教育意识不断增强,可现实中学生出现的心理和行为问题并未随之减少,还有增加趋势。通过深入了解发现,许多问题源自父母教育的不一致性。

班里有位女同学,她有着比别人更优越的家庭条件,有一个全职照顾自己的妈妈和一个优秀的姐姐。可是她却心理敏感脆弱,经常郁郁寡欢,非常情绪化,同学们都说她像林黛玉,不知道什么原因就哭了,经常晚上睡不着觉。她行为上表现拖拉、丢三落四、自我管理能力较弱。经过对她及其母亲的深入了解发现,父母之间经常对她的教育问题产生分歧,当着该同学的面大吵大闹。父亲无底线地满足孩子一切物质需求,却疏于陪伴和沟通,当出现问题时把责任推在全职妈妈的身上。该同学在与我沟通时表现出来对家庭成员的各种担心,担心自己成绩不好引发父母矛盾,每次看到父母因为自己大吵大闹而深深自责却无能为力。这些都深深埋藏在了她的心里,造成了很大的心理负担,使其无法专注于学习和自身行为的约束。

这就像"手表效应":假如一个人只有一块手表,那么他就可以知道时间;但如果他拥有两块或两块以上的手表,那么几个手表的时间不一样,他就不知道更准确的时间是哪个了,反而还会让他失去对准确时间的信心。延伸到家庭教育,"手表效应"可以理解为,父母双方意见不统一,孩子不知道该听谁的,势必会引发孩子的一系列问题。

首先，父母对孩子的某一个行为表现出不一样的看法和意见时，孩子不能准确地得知自己的行为正确与否。

正确的行为得不到肯定，错误的行为得不到纠正，而孩子不能同时挑选两种不同的行为准则或者价值观念，否则他的行为将陷于混乱。

其次，父母在孩子面前意见不一致会使父母在孩子的心中威信下降，无法树立家长的权威。

在孩子们心中，父母的话都是对的。如果父母意见不同，尤其在孩子面前吵架争执，会让孩子产生失望情绪。同时，这还会减弱孩子的自我控制力。所谓自我控制力就是指一个人控制和支配自己行为的能力，这需要从小培养。父母对孩子一致，他会很清晰地知道自己的行为对不对，停止或者继续自己的行为，从而培养了孩子的自我控制能力。但是如果父母意见不统一，模糊不清，孩子就更不知道自己该怎么做了，自控能力会不断下降。

第三，因为教育观念不一致造成家长情绪失控，会导致孩子没有安全感。

每一次家长的争吵对于孩子来说负面影响都是非常大的，往往会给孩子造成心理的阴影。孩子觉得自己是造成冲突的主要原因，会再也不敢表达自己真正想要什么。这样的孩子容易形成过度内向的性格，表现为独来独往、孤僻、冷漠、封闭自我，无法与同龄人正常沟通，因为与最亲近的人都不敢沟通真实的想法，而且这种性格一旦形成了就很难摆脱，会给他将来与别人的交往造成很大困扰。

苏霍姆林斯基说："父亲对孩子的要求必须跟母亲对他的要求保持一致，只要孩子感到母亲和父亲对可以、不可以、应该、不应该等概念有不同的看法，那么，即使最合理的要求，在他看来也会是暴力、强制，是对他自由、欲望的践踏。"

如果父母对孩子的某一个行为表现出统一的意见，那么孩子就可以从父母的态度上了解到自己的行为正确与否，并且在以后的生活中尝试停止、改正或者是坚持自己的行为，进而形成良好的三观和自我控制能力。

努力做更好的父母

山东省青岛第六十七中学 姜修亮

不管孩子面对什么样的困难和问题,我们在此情此景下的表现都具有示范作用和样板价值。教师和家长都应该从我们这个教育引导的出发点做好自己。如果说孩子在成长过程中是一个飘摇在风里雨里的风筝,那么家长就是放风筝者。家长是否明确方向和如何引导会起到至关重要的作用。

每个人都是文化载体,如果脑袋中的指导思想、文化内涵不先进,很颓废,就容易让人也颓废。包办思想在当下的家庭教育领域仍然存在,最为典型的就是代替孩子做孩子能做的事情。时间久了,形成习惯模式,孩子的自尊、自信、自爱都被包办没了。这些模式表现在学习上就是等、靠、要现象严重。

同样一句话、一个问题,有的表达方式能够让孩子愿意听、听得进去,愿意执行;有的表达方式则让人反感,不愿意再继续听下去。问题在哪?在自己。如果家长不能容纳孩子犯错,不知道如何有效指导孩子,那自然是本能的火冒三丈、暴跳如雷。

大家看麻雀、老鹰站在枝头从不怯懦,根本而言是因为它们相信自己的翅膀,而不是信赖树枝能撑得住它们。其实每个普通人每天做的事是差不多的,但是不同的应对模式对于孩子成长的作用却大相径庭。行动是以做更好的自己为前提的,否则就不要着急;表达是以尊重自己为前提的,否则也不要着急。优雅淡定的语气语调首先是尊重自己,其次是尊重别人;积极向上的努力行动,首先是自己成长,然后是带动大家成长。可以肯定的是,当孩子无所事事或具有破坏性行为的时候,说明他缺乏引导了,不知道后面的路该如何走了,是一种求救的方式。千万不要仅仅用惩罚对待之,这会在他的伤口上撒盐。医生治病的时候,不会因为来者都是患者而批评他们。

很多思想困惑如果不能及时得到疏导,那孩子也会慢慢长大,但这个"思想病"或许会一生伴随。一旦遇到与"思想病"相关的情景时,"思想病"就会发作。如果我们教会孩子们"如何获得关心和帮助",会大大减轻无助孩子们的痛苦。教育的作用便在此。

前几天发新书,有的学生没来。其同位视而不见,任由一大堆书乱糟糟放在课桌上。我说:"这该怎么办?"学生:"我马上动手整理。"如何培养对社会有益的人?其实培养的切入点到处都是。同位之间能够有眼力见儿看到对方需要帮助,然后力所能及地采取行动,这就是在训练一个有益于社会的人,培养社会责任感。

孩子的很多问题都是监护人的问题。在孩子们面对问题的时候,除了责骂,不能够提供支持和训练。起点为"对不起",结果一般为"没关系";起点为"谢谢你",结果一般为"不客气"。如果把"溺爱"和"控制"作为实施教育的逻辑起点,那结果容易收获"推责"和"指责"。为啥都是"责"?"溺爱"教会了孩子发号施令,大人就是执行者;"控制"教会了孩子无须担责,事情都是大人主导,自然是谁主导,谁担责。我们要改善的不是"教育孩子的声音大一点",不是"教育孩子的次数多一些",而是要在不断提升自己的基础上再出发。

爱孩子就要用"爱的方式"向孩子表达。现实中拘泥于文化传统的不良影响,我国父母很多不善于用"爱的方式"表达爱意。有的会"正话反说",有的迷信"打是亲、骂是爱",有的家长非要"酒后吐真言,平常日硬是不会说心里话",有的则不认为这是个问题等等。这些表达方式与心中的爱意有时恰恰相反,让孩子难以接受,甚至起到相反效果,所以,导致精神生活、感情生活一团糟。而这恰恰是孩子、每个人学习前行的动力源泉所在。

疫情下如何帮助孩子管理情绪

山东省青岛第十九中学　姜文正

青少年正处于青春发育期,生理上蓬勃发展,身体的外形和机能都越来越成熟。由于社会发展、生活水平提高等因素,青少年的各项生理指标都普遍表现出比较超前的趋势。生理的迅速发展使青少年产生"成人感",这与其半成熟的心理发展状态产生矛盾,出现身心发展的不平衡。

突如其来的新冠疫情给教育教学带来了新的挑战,不仅影响学校日常教学安排,而且影响家庭亲子关系,尤其是面对居家学习的特殊情况,对孩子的情绪、亲子的关系都带来不同程度的影响,构成一定的心理威胁。

居家学习过程中,面对学习的压力、家长的管教等诸多复杂因素,当孩子出现强烈的情绪时,如果家长忽视、斥责或嘲笑孩子的情绪表达,孩子自己便会形成"我的情绪不该存在"的错误认识,对自己已经产生的情绪感到羞愧,无法正确看待已有情绪,更无法接纳自身的负面情绪,往往采用肆意宣泄和逃避的方式,把自己的情绪深深压抑和隔离,给成长埋下严重的心理隐患。因此,家长要充当孩子的情绪容器,接纳孩子无法理解和承受的情绪,进行消化和处理后,再以合理的方式还给孩子,帮助孩子处理强烈情绪,以共情的方式管理情绪。

帮助孩子管理情绪,家长们要努力做到以下几点。第一,了解情绪。情绪没有好坏之分,情绪仅仅是个人状态的信号,要合理认识情绪的正常存在。第二,觉察情绪。要学会给情绪划分与命名,细化自身出现的各类情绪,区分不同类型、不同程度。第三,调节情绪。家长不是要直接改变或否认孩子的情绪,而是帮助其调节情绪的强度,选择合适的处理方式回应自身情绪。

家长应努力给予孩子高质量的陪伴。高质量的陪伴能够帮助孩子更好地管理情绪。最好的陪伴，就是"如他所愿"，是家长给孩子的最好的礼物。在陪伴孩子的过程中，孩子可以感受到家长的关怀和温暖，可以感受到自身存在的价值。在陪伴孩子的过程中，语言、动作、眼神等都会向孩子传递信息，让孩子感受到家长的爱，进而逐渐缓和强烈情绪，以更加平和的心态看待和管理情绪。陪伴过程中，家长应注意营造良好和谐的家庭氛围，亲子关系和谐、家庭氛围温馨会减少青少年心理问题和强烈情绪产生的概率，从源头化解危机。同时，陪伴过程中可以有具体的活动安排。研究数据表明，体育、音乐、绘画、陶艺等兴趣爱好可以增进孩子的心理健康，带动负面情绪的消散和正面情绪的形成，对情绪管理有良好的作用。

全国人大代表、安徽省蚌埠市第一实验学校教育集团总校校长崔建梅说："进一步加强中小学生心理健康教育是学生身心健康成长的需要，是落实立德树人根本任务、全面推进素质教育的必然要求，是千家万户幸福安宁、社会和谐稳定的重要保障。"在疫情影响下，青少年是消极情绪的易感人群，守护青少年的心理健康，帮助青少年更好地管理情绪，构筑美好的心灵家园，需要学校和家庭的共同努力。家长应身体力行，积极应对，用"心"战"疫"。

假期亲子关系的培养

山东省青岛第六中学 王晓然

假期是父母可以长时间陪伴在孩子身边的珍贵机会。父母与孩子接触的时间显著增多，交流的机会也大幅攀升，但只有有效沟通才能起到好的作用，你给孩子的陪伴是否是无效陪伴呢？

无效陪伴，顾名思义，是陪伴了孩子，但是效果还不如不陪好。前几天刚看到一个场景：假期期间孩子追着妈妈问各种问题，而妈妈却一直低着头玩手机。孩子时而喃喃自语，时而和妈妈说话，但是妈妈始终没有任何反应。因为太无聊孩子就用手拍打桌子，却立刻遭到了妈妈的呵斥："在公共场合要保持安静！"孩子立马不吭声了，低着头很委屈。在日常生活中，这样忽视孩子的场景并不少。比如，家长在和亲戚朋友聊天时，孩子很高兴地去找父母说话，但是无论他们怎么说话都没人理。一些孩子通过不断提高嗓音或者拍打企图引起家长注意，但家长很多时候会忽视孩子的声音。即使敷衍了几句，也是文不对题，想着等会儿再陪他玩也是可以的。孩子还小，不会记仇，一会就忘了或者事后哄哄就好了，这是大多数父母在忽视孩子后非常常见的一种想法。

然而，像以上这样事后哄哄并不能化解孩子心中产生的负面情绪。有一位著名心理学专家邀请了70位母子参与实验。实验分三个阶段，第一个阶段母亲与孩子互动，第二个阶段中，母亲呈现严肃脸，无论孩子怎么做都不回应，第三阶段母亲恢复与孩子的互动。实验者对三个阶段孩子出现的情绪做出记录。研究表明，在第一阶段中孩子呈现积极情绪。在第二阶段中，孩子得不到母亲的回应，逐渐出现消极情绪。第三阶段，母亲恢复与孩子的互动时，虽然孩子也恢复了给母亲的回应,但他的负面情绪并未减少,反而有所增加。从孩子回避的行为可以看出,孩子的负面情绪并没有因为母亲恢复互动而得到缓解,也就是说,事后哄哄并没有让孩子受伤的心得到抚慰。

其实,孩子比我们想象的更敏感,对于父母的情绪以及反应,很多时候孩子都看在眼里。研究表明,四岁的孩子就可以通过对方说话的语气来判断对方所说的内容是否属实,并可以通过说话时的语气和表情来判断对方的情绪。很多时候,孩子都明白家长是在回答自己还是在敷衍自己。

那么,该如何做到有效陪伴呢?首先,家长切忌忽视孩子。在孩子主动寻找家长陪伴的时候,家长应给予积极的反馈,不管是言语上的还是行动上的。积极回应,比如目光接触、肢体接触,都能让孩子感觉到父母在陪着自己,而不是敷衍了事。利用假期时间,家长们可以带着孩子参加一些需要亲子互动、共同协作完成的活动,比如登山、陶艺、制作蛋糕,有效陪伴的同时还可以增进亲子关系。

浅析高效度过假期生活的家庭教育策略

山东省青岛第十九中学　姜文正

孩子的成长离不开家长的陪伴,衡量陪伴效度的重要标准便是家长的参与度。优秀的孩子都是"陪"出来的,每位孩子成长的不同阶段都离不开家长的陪伴。孩子的成长经历只有一次,孩子的成长过程不可逆转。唯有高效的陪伴,家长才能在陪伴的过程中,更多地了解孩子、观察孩子、帮助孩子,更好地增进亲子关系,在日常互动中建立和谐的亲子关系和家庭氛围。

随着生活节奏的加快,家长的工作日益繁重,"工作忙""没时间"成为越来越多陪伴缺失的借口,也在不经意间疏远了彼此的距离,错失了家庭教育的时机。对于高中生而言,随着心智成熟,逐渐形成个性化的世界观、人生观、价值观。三观构建过程中也面临着看待问题、解决问题的独特性,往往容易诱发青少年的心理问题。社会心理学家研究发现,青少年的家庭关系和伙伴关系尤其重要,交往过程出现的问题相对敏感,对青少年心理的影响是长远的。

寒暑假是孩子和家长相对完整、相对连续的相处时间,家长应该珍惜这段难得的美好时光,用爱陪伴,用心示范,给予孩子高质量的陪伴。

一、广泛参与,增进互动

亲子互动既是实施教育的过程,也是推进教育的方式。假期中,家长应全身心地投入与孩子的相处时光中,广泛参与各类亲子互动活动,保持与孩子的情感、思维、行动同频共振。家长应从忙工作、理家务、玩手机中抽出时间,与孩子交谈、互动、游戏。家长可以跟孩子一起进行家庭活动,例如春节大扫除、置办年货、包饺子、贴春联、阅读书籍、晨跑锻炼等活动。

寒假期间，家长与孩子一起进行卫生大扫除、包饺子，这既是良好的劳动教育，鼓励孩子积极参与劳动实践，也是难得的亲子合作，引导孩子感受亲密无间的家庭氛围。对于假期时间，家长应帮助孩子制定规律的作息时间安排表，合理安排学习、运动、阅读、劳动等的时间，明确目标，把握进度。对于不能完成的规划，要提前进行沟通，调整逾期的活动安排或活动形式。家长应尽可能多地创造家庭活动的机会，在亲子互动中体会孩子的真实情绪和感受，增进互动频率，享受共处时光。

二、有效沟通，情感升温

假期为亲子互动提供了时间保障，然而，在这段长时间的相处过程中，沟通不畅引发的"摩擦"层出不穷。假期里，孩子离开学校的学习环境，处于相对宽松的氛围。家长看到孩子相对"自由"的居家行为，难免产生焦虑情绪，对孩子的行为提出批评、指责，用"别人家的孩子"和"学习紧迫感"向孩子施压。如果家长的表达方式不合适，极易引起对话冲突，造成亲子关系的紧张，孩子甚至出现逆反心理。

沟通是一门艺术。家长与孩子的沟通更是高级艺术。同样的沟通内容，在不同的情境及语气、表情表达过程中，会产生不同的沟通效果。家长应避免使用带有命令、责备、埋怨、质疑意义的词语，尝试使用带有积极、鼓励、商议、探讨意义的词语，让孩子在沟通中感受到家长的重视。家长应将孩子作为被尊重的独立个体，更好地保护孩子的自信心。

三、行为带动，榜样示范

家长是孩子的第一位老师，应该帮助孩子系好人生的第一粒扣子。家庭就是实施家庭教育最好的课堂，家长就是教育过程中最佳的行为示范者。家长应发挥良好行为的带动示范作用，树立孩子心目中的榜样形象。

亲子间的手机矛盾在假期愈发尖锐。"手机争夺战"频频上演，严重影响孩子的假期生活和亲子关系。2021 年 2 月初，教育部办公厅印发了《关于加强中小学生手机管理工作的通知》,规定中小学生原则上不得将个人手机带进校园。由此可见教育部对于中小学生手机问题的重视程度。假期中,家长可以通过自身行为,干预手机问题。家长们要摆脱对手机的依赖,缩短居家使用手机的时间。亲子阅读就是良好的方式,可以为孩子树立榜样,营造良好的家庭书香阅读氛围,帮助孩子明确手机的正确定位。

　　生命需要陪伴,孩子离不开家长的陪伴。成长需要示范,孩子离不开家长的榜样。假期是增进亲子关系与家庭亲情的关键时间,应用爱陪伴,用心示范。亲情陪伴让孩子在温暖的爱、亲密的情的氛围中成长,家长学会陪伴、分享、信任,孩子学会共情、分担、独立,共同高效度过假期生活,让家庭教育的力量春风化雨、润物无声。

童年缺失，育儿焦虑原因探究

山东省青岛第六中学　王晓然

　　前段时间播出的电视剧《小舍得》引起众多家长的关注，大家纷纷表示，"这里面的家长不就是自己吗"，甚至现实中的家长情况比电视剧当中的还要严重。的确，教育焦虑、育儿焦虑目前已经成为社会上普遍的现象。这些焦虑是从哪来的呢？

　　互联网的发展助长了家长之间的攀比。2014年以来，家长焦虑的情况尤其严重，这几年正好是互联网开始盛行的时候。家长们之前只关注自己的亲朋好友，但自从有了朋友圈，再加上抖音短视频，很多家长都在这些网络平台上认识了更多的"别人家的孩子"。一位学生在跟我聊天的过程中，诉说了她妈妈因为看到抖音上那么多优秀的孩了，就也逼她学芭蕾舞和各种乐器，导致自己很长时间不能专心画画。孩子不是神，不能在同一时间完成很多事，别人家的孩子很优秀，但自己的孩子是最独特的，选择自己喜欢的事做就可以了，何必去跟别人比呢？

　　独生子女家庭中，家长多对孩子过度保护，过多投入，过高期望。有个同学，在父母的强烈建议下选择了学医，还复读了两年。结果等上了大学，没有了父母的严格管教，开始放松，四年常常挂科，最终只能回到小镇医院做了无关紧要的工作，父母强加在孩子身上的"医生梦"最终也没能实现。贾玲在《你好，李焕英》中表达了对于自己母亲的怀念，说到母亲对她的期望时，只是一句"我的女儿，只要她健康快乐就好了"。孩子的一生肯定是自己选择的才最幸福，过多的期望只会让自己和孩子更焦虑。

　　教育制度的改善使得孩子上大学的机会越来越多,大部分孩子都处于一种可控又不完全可控的状态,所以现在我们担心的不是有没有学上,而是上高水平的学校。因此,有些家长只以成绩来衡量孩子的优秀程度。有学生跟我说,她小时候为了能早点玩,把作业写得又快又好,可当写完作业时,父母又会说,"那我给你再多布置点题吧,考上大学再玩"。喜欢音乐,长大再玩,喜欢画画,高中毕业再说,喜欢体育运动,等放了寒暑假再说!可等到孩子真的长大可能就不会运动了,"当时我想要走的时候,你不让我走,你现在再让我去接近大自然,我已经走不进去了!"为了成绩,牺牲得太多了!

　　社会上的产业不可预见性太强了,新兴职业层出不穷,学什么专业都有可能有很好的前途。所以没有必要为了成绩去扼杀孩子的兴趣。我们站在现在看未来,过分地去规划未来是不可靠的。把握处理问题的方式,学会处理人际关系,学会生活更重要。

　　作为家长,我们能看到孩子独特的进步和成绩,才能不焦虑,才能真正指引孩子。这个社会是复杂多样的,每个孩子追求的目标可能不能也不一定非要相同,有的孩子可能是追求好的成绩,有的孩子可能上台表演一次节目就觉得成功了,有的孩子可能完成了喜欢的社团活动很有成就感。世界多彩,孩子也是多彩的,家长也要有自己的目标才能克服过度焦虑。

家庭教育在生活的大舞台上大有可为

山东省平度市第九中学　蔺龙飞

受杜威实用主义教育思想影响,我国著名人民教育家陶行知创立了生活教育为主线的现代教育理论体系,"生活即教育"是生活教育思想理论体系的核心。在我的印象中,塑造学生时代人生观、价值观和方法论最有影响的几件事不仅仅是在学校里,还有很多是来源于生活实践。因此,我觉得现在的学生欠缺的不是理论教育,而是生活实践教育。

我班文文同学是家里的独生女,家庭经济条件相对优越。长期的娇生惯养,使文文的独立能力较差,缺乏吃苦精神,学习上主动性比较差,学习和生活中一旦遇到挫折,如果没有别人的鼓励和安慰,就会变得异常焦虑而退缩。虽然每次跟她谈话后,她能够有所改变,但是不出几天就又恢复了原样。

鉴于文文这种不断反复的情况,我将文文和她父母找来一起商量对策,最后决定通过生活实践的方式增强文文的坚持和自信:每天由家长陪同步行上下学。

我想出让父母陪同步行上下学的方式,主要出于两个考虑:一是通过步行增加父母陪伴孩子的时间,改变父母与孩子的交流方式和内容;二是让父母重视对孩子坚持、自信、乐观等意志品质的培养。

我问她是不是步行来的学校,中途有没有偷懒。她说:"是全程走下来的,中途虽然有放弃的念头,但在妈妈的鼓励下,最终还是坚持下来了。"我大大地表扬了她一番,说她的执行力很强,连老师都没想到。她的脸上泛起了自豪喜悦的笑容。一个月之后,我又把她找到办公室,跟她聊了聊最近一周步行上下学的感受,她说:"老师,其实一开始感觉真的很远,幸亏有妈妈的陪伴和鼓励,在坚持了两天之后就感觉不远了。而且我们在路上还交流了很多自己成长过程中的烦恼和喜悦,我们母女之间的认同感更多了,埋怨更少了。"

　　听着文文的话,我不禁想起自己童年的经历:记得上小学的时候,家里每年都会种十多亩玉米,秋收的时候我都跟父母一块去掰玉米。第一次跟父母掰玉米的经历给我留下了深刻的印象。那天,到了地里,我望着自家的一大片玉米地一下子傻了眼,嘴里嘀咕道:"这么大一片玉米地,什么时候能干完啊?"母亲听了说道:"眼是孬种,手是好汉!看着很大的一片地,干着干着就干完了,我们每天掰两亩地,五天左右就能干完。"我看了一下,按照这个算法我们每人一上午掰一个来回就能完成任务,心里也就轻松了不少。刚开始干的时候,我还劲头十足,试图证明自己掰得不会比母亲慢,但没一会就有点跟不上了,被母亲落在了后边,内心开始烦躁起来。母亲仿佛看出了我的心思,就不时在前边帮我掰一点,以至于我不会被落得太远。随着时间的流逝,天越来越热,身上也开始出汗发痒,心里更加烦躁,就问:"还差多远就掰到地头了啊?"母亲说:"这才刚开始呢,光着急是没有用的!"我蹲下来透过叶子较稀疏的底部往前看了看,可根本看不到地头。在这个工夫,母亲把我落得更远了,于是我赶紧掰起来。只不过每掰一会,就会蹲下来看一看是否能看到地头了,但每次都令我非常沮丧!最后我直接向地的另一头走去,母亲问我干什么去,我说:"看看到底还有多远才能到头。"看了之后,结果更是令我沮丧至极。母亲看我耷拉着脑袋回来了,又重复起了刚开始对我说的话:"眼是孬种,手是好汉!你可以往后看看,是不是掰得越来越多了,离开始的地方越来越远了。这都是你一点点干出来的,不是看出来的!你只要不停地干,就会离目标越来越近。不要总往前看,让眼睛这个孬种干扰你。"虽然很不以为然,但我还是低头继续干下去。母亲为了安抚我烦躁的心情,便跟我拉起了家常,并时不时地帮我一把。掰着掰着,我突然发现了前面的光亮——我们马上就要到头了!我的干劲马上又足了。很快我们就掰到了地头,成就感油然而生。往回掰的过程中,我按照母亲说的,不再总去看,而是专注于做,不知不觉中就掰到了地头。虽然中途还是忍不住看了几眼,但"眼是孬种,手是好汉"已经深入我的内心。于是我把母亲的那句送给她,说:"眼是孬种,手是好汉,你现在认为你很多做不到的事,是你将眼前的困难放大了,如果你坚持去做,就有可能做成。"

其实我在教育生涯中遇到不少这样的案例。家长在孩子出生后就给孩子规划将来上当地最好的幼儿园、小学、初中,假期里上最好的辅导机构,而这些同学往往开始成绩还行,但到高中后,成绩却呈下降趋势,甚至很多同学成绩一泻千里,出现了厌学和其他心理问题。其实出现这种现象的主要原因有两方面:一是父母与孩子之间的沟通方式和对孩子的教育方法出现了问题,父母在教育中居高临下,只重言传不重身教,鸡汤不少,孩子切身体验却很少;二是父母在生活实践中没有帮孩子养成良好的意志品质,没有认识到父母的陪伴和良好的沟通是教育的基础,更没有认识到生活教育是培养孩子坚持、自信、乐观等意志品质的最广阔舞台。

因此,我觉得,孩子只有充分参与生活实践,才能在生活实践中得到启发和教育,我们所给他们灌输的鸡汤和理论才会被他们理解,从而帮助他们逐步建立其自己的人生观、价值观和方法论,才能实现育人目标。

家长教育素养对家庭教育的影响

山东省青岛第十九中学 姜文正

素养是指个人的修养,包括道德品质、外表形象、知识水平和实践能力等多个维度,是通过自身的认识和社会实践逐步形成的身心发展品质,是经过长期教化和自身努力而形成的相对稳定的结果。家长的教育素养应包括生理性素养和社会性素养。生理性素养主要通过遗传物质对孩子产生影响,社会性素养包括心理素养和科学文化素养,通过人际传递和教育行为影响孩子。在人的社会化过程中,父母的生理性素养和社会性素养的影响,是首要的、基础的和经常的,具体表现为教育观念、教育方式、教育能力、教育知识,家长的教育素养会直接影响子女素养水平和家庭教育效果。

家庭教育在少年儿童成长中具有重要作用。家长要树立正确的教育观念,掌握科学的教育方法,尊重子女的健康情绪,培养子女的良好习惯,加强与学校的沟通配合。家长的教育素养在孩子的社会化过程中起着奠基的作用,在孩子的思想观念中留下深刻的烙印,使孩子逐步形成好与坏、是与非的最初概念。家长作为孩子的第一任老师和终身的导师,其言行举止直接作用于孩子,而孩子也无时无刻不在模仿着家长。

2021年10月23日,十三届全国人民代表大会常务委员会第三十一次会议通过了《中华人民共和国家庭教育促进法》,自2022年1月1日起施行。这是我国首次就家庭教育进行专门立法,具有里程碑意义,标志着我国对家庭教育的认识和重视已达到新的高度,同时也对家长的教育素养给予了明确的指导。

《家庭教育促进法》明确将家庭教育从学校教育的附庸地位中释放出来,

因此家庭要充分发挥育人的独特价值和作用,真正为学校教育和社会教育筑牢基础。家长的教育素养直接影响家庭教育的效果,家长的教育素养包括家长的教育观念、教育方式和教育能力,教育素养直接对教育行为起着制约和指导作用,引领着家庭教育的方向。

家庭教育领域的现实问题与矛盾迫切要求为家长赋能。当前,家庭教育的突出问题主要表现为以下几方面。第一,部分家长主动放弃或怠于履行家庭教育的义务。第二,部分家长存在重智轻德、重知轻能、重养轻教等教而不当的情况。第三,部分未成年人的家庭教育资源严重匮乏。这样便形成了"家长对家庭教育指导的强烈需求"与"家庭教育指导服务难以有效提供"之间的供需矛盾。因此,《家庭教育促进法》立法的目的,就在于能够促进家长的家庭教育行为,引领家长主动提升个人的教育素养,在尊重家长的基础上给予充分的支持。家长可依法获得更多的教育支持,可获得多渠道的家庭教育指导,可获得开展家庭教育的社会支持。

"父母或者其他监护人应当树立家庭是第一课堂、家长是第一任老师的责任意识,承担对未成年人实施家庭教育的主体责任,用正确思想、方法和行为教育未成年人养成良好思想、品行和习惯。"面对新时代的机遇和挑战,家长应承担起家庭教育最主要的责任,努力提升自身教育素养。

家长应给予孩子包括陪伴、榜样、发现、尊重、支持和成长在内的多维教育素养,给予孩子理性的爱,与孩子一起成长。

要把孩子培养成什么样

山东省青岛第六十七中学　姜修亮

很多朋友尤其关注孩子能考多少分,能上什么大学,却不大关注孩子现在的发展情况,不关注将来要成为什么样的人。俗话说,治病先治人。"病症"和"分数"其实是现象,是虚幻,是表面,而人的元气本性和道德品行如何才是关键。

如果一个人习惯偷鸡摸狗,那就会训练一副贼眉鼠眼的气质;如果一个人心眼好,愿意说好话,助人为乐,那指定是内心充盈,气宇轩昂。这不分民族、性别、职业。要把孩子培养成什么样子,这是家庭教育中首先要回答的问题。否则,后续生的气、上的火、操的心、做的事毫无意义。关于孩子的培养,可以措施未必得力,但是方向一定要对。

比如,培养诚实守信、勤劳勇敢、积极进取的孩子。要培养孩子成什么样子与家长见过的优秀孩子有关,与对自己孩子未来美好的期盼有关,与孩子的成长度有关。这三个要素构建起育儿目标。

培养孩子最大的前提就是需要耐心。有耐心便是最大的尊重。如果用"有很多钱便是成功"这个标准来评价所有社会成员,那大部分是不成功的。一个生态中,大部分人是不成功的,那结果会让少部分人生活得舒坦放心吗?"有很多钱便是成功",会让大部分人不爽;"高分便是成功",会让大部分学生不爽。

孩子到了学校,教师进了课堂,家长到校参加家长会,只能说明在物理空间上发生了变化。至于有没有发生教育,非常难界定。是否有教育发生,绝不是只看学生用了多少笔芯;是否有教育发生,绝不是只看教师讲课是否卖力;是否有教育发生,绝不是只看家长给报了多少班;学生的一次训练,教师的一堂授课,家长的一次谈话,能改变孩子多少?其实,是非常有限的。所以,需要十年树木,百年树人。经常看到某某学生获得什么大奖获得什么荣誉,学校就开始"拿来主义",说是自己培养的结果。经常听课结束时,教师会总结本节课达成了怎样怎样的教学目标,经常听说"学生遇到好老师,家长就可高枕无忧",有那么神奇吗?

都别着急,要让孩子在家庭和学校中有归属感和价值感,首先要让教育有归属感和价值感。很多时候,人们容易被物理空间变化迷惑为实施教育或孩子正在接受教育。如果孩子上学是被迫的,那就毫无意义了。都说潜力和业绩是被逼出来的。其实,这是负面引导。

有些人总喜欢说"管理"。到底是"人"管"理",还是"理"管"人"?如果知道自己的渺小一定会选择后者。优秀的人品一定是正向努力获得的财富;卑鄙无耻的言行也一定是做坏事训练出来的。事事被家长包办或者溺爱的孩子是缺乏责任感的。家长培养孩子需要刻意地学习训练,孩子健康地成长也需要刻意学习和训练。

在面对问题(教育契机)时,如果说教育失败,那是因为家长首先破防导致的。孩子哭闹一阵,家长就受不住了,放弃了原则;孩子要死要活一下,家长就受不住了,赶紧妥协;孩子受点委屈,家长就坐不住了,就要讨个说法等等。慢慢地,家长就被孩子控制了。也可能是家长真的守不住育人初心,也可能家长不知道该如何处理。所以,只有好好学习,孩子才能天天向上。这个学习未必非要看书,生活中到处都是学习进步的契机。经常用愤怒溺爱的方式实施教育,需要消耗脾气和健康,获得眼前效果;经常用尊重的方式对待孩子,只需要展示优良品行,就可以获得长远的奇效。

不要让我们对孩子的期望变成孩子的负担

山东省平度市第九中学　蔺龙飞

在知乎上看到这样一个帖子——《你对孩子未来的期望是什么》。大多数父母在孩子刚刚出生的时候，最大的期望就是希望孩子能健康成长。但随着孩子慢慢长大，很多父母便开始有了更多的期望：希望孩子学习成绩好，希望孩子能够比别人优秀，希望孩子能够出人头地，希望孩子无所不能……带着太多的期待，父母很容易看不到孩子的优点，看不到孩子的不容易。很多父母甚至总喜欢拿自己的孩子与"别人家的孩子"比，因为不能接受自己的孩子比"别人家的孩子"差，而让自己的孩子耳边总是回荡着"别人家的孩子"。在这样的唠叨中，孩子感受到的不是父母恨铁不成钢的爱，而是无休止的压力！孩子的心理承受能力毕竟是有限的，当孩子怎么做都无法满足父母的期待时，就会逐渐失去自信，甚至自暴自弃！

其实，父母的很多期待在孩子的成长过程中不仅没有起到助力作用，反而起到了相反的作用。任何事物都有它自己的发展规律，而我们却因为急功近利，忽视了发展规律的存在，不可否认的是我们的很多期待和做法就是在揠苗助长。也许我们做家长的应该少一些期待，多一些关心和呵护，多一些耐心包容和欣赏。只要我们给他足够的阳光和雨水，孩子一定会自然成长的。要相信：没有任何一个生命会轻易放弃自己。所以，我们应该如何正确对待孩子的成长问题呢？不妨让我们来共同学习一下下面两位父母的观点。

第一位："宝贝，愿你慢慢长大。愿你有好运气，如果没有，愿你在不幸中学会慈悲。愿你被很多人爱，如果没有，愿你在寂寞中学会宽容。"

第二位："我期待孩子有所作为,但不用非得轰轰烈烈;我期待孩子有会当水击三千里的冲劲,也要有一蓑烟雨任平生的坦然;

"我期待他有逆水行舟用力撑的坚韧,也有甘做板凳十年冷的耐性;

"我期待他是开山斧,但如果只是螺丝钉也无妨;

"我期待他争当领头雁,如果不能,站好自己的岗就足够了。

"人生没有固定模板,每一样人生都各有魅力,不比绚烂比燃烧,不比功成比无悔,做个平凡却不平庸的人也可以是一种人生的选择。

"他可以初生牛犊不怕虎,但不能晃虚枪搞幌子;

"他可以大胆吃螃蟹,但不能恶意闯红灯;

"可以勇敢试错,不能故意犯错。

"我期待他早早明白,权利即责任,要永远稳住心神,管住言行,守住清白;

"我期待他深刻懂得,所有人都不是一夜成长的。苦心志、劳筋骨,时时束缚在胸的规矩和准绳,以及每每承受的种种压力,都是走向成熟的必经历练;

"我期待他永远年轻,永远敢闯敢创敢拼,永远拥有独特的角度、广阔的视野和让人惊诧的态度;

"我期待朝气蓬勃的他能拥有精彩而澎湃的人生,前途似海。"

关于孩子的未来,我们都有一个共同的期待:期望孩子能过上幸福的生活。虽然幸福的定义不尽相同,但幸福的孩子却有一些共同的优秀品质。

善良会让孩子为人处世心存善念,不以善小而不为,不以恶小而为之,自然也就不会走向歧途。

宽容会让孩子生活中少去很多斤斤计较与不必要的纷争,却多了更多的风平浪静。

乐观会让孩子对明天的生活充满了美好的希冀,即使身处险境,也始终相信事情多半会向着好的方面发展。心态不一样,看事物的角度不一样,生活自然不一样。

自尊的孩子,更懂得自爱与洁身自好,做人做事进退有度,也总能赢得别人的尊重。

自信的孩子,敢于挑战自己的短板和尝试新思路,富有探索和创新精神,为人不卑不亢,处世不受他人左右。

自立意识会让孩子现在更快地成长,逐渐减少对父母的依赖,也能让孩子在将来闯出一片自己的天地。

有自制力的孩子情绪稳定,遇事沉着冷静,生活和学习有条不紊,很多艰难的事情也能迎刃而解。

坚韧的孩子一般不会感觉自己有多苦,但凡感觉自己很苦的孩子一般没怎么吃过苦,只是他的承受力比别人低而已。所以幸福只属于那些具有坚韧和乐观品质的人。李玫瑾教授说过:"人在早年吃的苦越多,他到后来承受力就越好,幸福感就越强。"

太多人陷入了这个家庭教育的误区

山东省青岛第六十七中学　姜修亮

在沟通中得知，由于有的家长自己不能给孩子辅导高中阶段的功课，解答疑难问题，所以对于孩子的成长无计可施。很显然，这里对于家庭教育的理解只局限于辅导功课和解答疑难。

其实，这个事情恰恰是学校教育应该做的具体事务。在一般情况下，这不归家长管。因为，除非家长从事高中教育教学，否则很难辅导孩子目前的高中课程。

在小学的时候，家长大都懂孩子的功课，能够辅导课程，解答疑难，因此家长也最有底气和脾气；到了初中，孩子学的功课深了，家长的那些本事不够用了，脾气自然也好了很多；到了高中，绝大多数家长就只能担任后勤保障了。很显然，家庭教育不只是供给孩子吃喝。

其实，衣食住行和吃喝拉撒只是教育的资源，而不是教育本身。

简单地说，实施家庭教育的主体是家族中的任何一个主体，资源可以是家庭内部的，也可以博古通今，方式不外乎言行。目前，缺失家庭教育教材是最为严重的不足。即使有教材，也是原则性的，极少提供精准的办法把孩子培养好。原因很简单，每个家庭的不同太多了。

在和家长的交流中可知，学习成绩优异孩子的家长说，自己"对孩子不大管"，学习成绩不佳的学生家长也说"对孩子不大管"。都是不大管，但是反映在孩子身上的表现却有天壤之别。显然，这个"管"与孩子的上佳表现没有决定性的规律联系。

　　家长要对孩子实施家庭教育并不是立刻就"说教"或者"为孩子树立行动上的榜样"，而是思考，思考对孩子未来美好的期盼，或者说，是为孩子在脑海里谋划一个美好的未来图景。通俗地讲，就是希望自己的孩子将来有怎样怎样的出息。可千万别把挣大钱当成是人生的最终结果。因为，一般人都不会挣到所谓的大钱。那应该给予孩子哪些引导呢？恰恰不是物质方面的引导，而是品质和精神层面的引导。

　　从这个角度上讲，家长比老师的影响力要大很多。

　　哪些品质极其重要呢？比如，学会不断思考自己的人生价值，学会在大事小事中坚持，学会每日反思，学会感恩，学会对自己忠诚，学会信任自己。

　　至于技术层面的品质，包括学会做饭，学会修补衣服，学会打理家务，学会安全健康常识，学会生活中的各种小妙招。

　　在沟通中得知，家长对孩子的期盼有些是很高的。比如，让孩子考上双一流大学。那我们就要反思三个视角的问题：（1）孩子的努力是否和双一流大学配套？（2）家庭教育的质量是否达标双一流大学？（3）学校老师的水平是否能培养出双一流大学学生？这三个基本条件缺一不可。如果只是一味地提要求，让孩子孤军奋战，那是不大可能实现的。

　　很多人的学习停止于学校，总是感觉出了校门就不需要学习了。其实，下了课才是学习的开始，走出校门才是学习的开始。

优秀的父母一定能培养出优秀的孩子吗

山东省青岛第六十七中学　盛盈盈

人们常说,"优秀的孩子背后一定有优秀的父母"。作为高中班主任,随着对学生及其家庭的深入了解,我渐渐意识到,优秀的孩子背后可能需要优秀的父母,但是优秀的父母不一定成就优秀的孩子。

班里面有位同学小双(化名),高一入学就多次以睡眠不好请假、迟到,上课趴睡,沟通时表现出对老师很强烈的敌意。经多次沟通了解到他的爸爸长期在外出差,妈妈也是一名教师,妈妈工作学校也就是小双就读的初中。因为孩子屡次犯错并且沟通教育不畅,所以小双的妈妈经常会到校跟我面对面沟通。在一次沟通中,小双妈妈十分无奈地表示:"我跟孩子爸爸、爷爷、奶奶无论是学历还是工作都是较为优秀的,为什么孩子现在会出现这么多问题呢?"无奈的同时小双妈妈还不停地跟我列举她拿了多少优质课比赛的奖项,在学校从事领导干部职位等等,以此证明自己的优秀,同时来证明无论从个人能力还是从专业素质都应该称得上是很优秀的家长了。反观孩子的表现,在家长的眼中我看到了高期待下深深的失落感。

带着家长的这种疑惑和无奈,我开始了持续的关注、跟踪和沟通。通过深入了解发现小双表面好像无所畏惧、自暴自弃,其实内心却充满了纠结和无力感。他内心深处渴望被认可和尊重,同时对自己的表现不满却又无力改变。通过不断在他们母子之间的沟通,我渐渐解开了一些疑惑。作为老师的母亲,将自己所有的期待和要求都灌注于孩子身上,学生整个初中阶段无时无刻不在母亲的全方位包围下成长。他努力想要表现得更好来以此衬得起母亲的优秀,当发现自己达不到母亲所期待,甚至比同龄亲戚朋友家孩子还差的时候,他将自责深深埋在心里,当然母亲会提出更严格的要求。当这种情况屡次发生时,这种自责就会转变成自暴自弃,加上叛逆期的心理变化,最终演化为与母亲的对抗和内卷式的自我封闭。

如果当孩子在最初自责的时候,父母能不那么在乎所谓的优秀和面子,能站在孩子的立场,走进孩子的内心去倾听、去共情,或许孩子依然不能做到那么优秀,但他的内心一定是舒展的,他的世界一定是阳光温暖的。

一个成功的社会人,不一定是成功的父母。如果不能摆正自己的角色和位置,效果往往会适得其反。培养一个人也不能仅通过比较和成绩来评价,希望我们广大优秀的父母能常反思、多倾听,每个孩子都需要被呵护,每个生命都如珍珠般宝贵。我们不能拿着自认为优秀的标准来衡量一个有无限可能的生命体,更无权用自己的优秀来逼迫孩子必须优秀。

给孩子的成长让路

山东省青岛第六十七中学　姜修亮

　　所有过往，皆为序章。我们需要做好为人父母的工作，为孩子打造一个可以接受的过往，帮助孩子走好未来的路。

　　孩子的一生都在不断节节升高。这仅仅是规律性认识，而不一定是现实。如果我们更加深刻清晰地认识这些成长规律，那作为父母可以更加精准地履行好父母职责。

　　比如，年少求学时应该引导孩子阅读优秀传统文化之《论语》。因为《论语》就是一本课堂笔记，至少讲述了师生关系的处理之道，讲述了作为老师应该如何因材施教，以及学习方法等等。

　　仅凭家长的家传育儿经验和几句格言警句是难以解决孩子不断成长中遇到的困惑和问题的。所以需要借力。借力是一种思维方式，其前提是承认自己的不足。如果家长自以为是，那孩子必将越来越没有潜力和后劲。怎么办？阅读优秀传统文化图书就是给孩子提供一个优质的范式。说到底就是解决"如何做人"的问题。

　　认知问题确实是一个大问题。夏天到了，如果能把酒桌上说闲话胡乱调侃的时间用来研究如何当一个更加优秀的家长，我想更多受益的是自己的孩子。

　　很遗憾，停止自我精进是目前制约家长再升级的最大瓶颈。有的人以年龄大为理由，有的人以无用论为自己解脱，有的人甚至压根就不考虑这些事。总之，不愿意为了孩子再次坚持学习下去。传统观念认为，孩子结婚成家了就可以做甩手掌柜，无须引领孩子成长了。其实，大错特错。

大流习惯于追求财务自由,由财务自由驱动精神自由。要知道,物质自由不可能实现,但精神自由却是每个人都可以实现的,并且可以自控,与物质是否匮乏没有必然联系。当然,生命的维系是前提条件。

恐惧产生焦虑,焦虑产生急躁,急躁产生催促,催促产生依赖。孩子在学习上的被动也是如此形成的。

不光是恐惧,还有担心、指责、失望。这些不良的心态如果充斥亲子关系,就会塑造"担心模式下的孩子""指责模式下的孩子""失望模式下的孩子"。孩子是否会抵抗?会的。但是,在小的时候,孩子处于绝对劣势,一般无法抵抗,而是选择顺从。这样做的本质,就是父母用恐惧、担心、指责、失望等等消极心态,给孩子打造一个牢笼,这是心灵的牢笼。

我们要充分信任孩子的天性和潜能,要对孩子有信心。何为"信心"?我解读为"信仰自己的内心"。

今天如何做父母?这确实是一个很难的问题。但是,我们不该停止探索的脚步。没有完全一样的孩子,也没有一个统一的标准育儿模式。

家庭里会有成千上万、千变万化的场合,父母的一言一行都是在给孩子做示范当教练。我们应该做的就是用行动展示对孩子的爱意。

真正的爱是无条件的,尽可能摒弃教育孩子中的实用主义、功利化等不良心态。否则,真正的爱就会被这些不良心态所遮蔽而无法传导给孩子。

无论是学校教育还是家庭教育和社会教育,其本质都是立德树人,说到底就是"如何做人"的教育。无论哪个教育领域,都不能盯着分数和钱财。

一个人无论是否能考上大学,将来都要走向社会,拥有自己的职业岗位。如果在"如何做人"上训练不够,那将来就会无益于社会的发展。

成长，从放手开始

山东省平度市第九中学　蔺龙飞

　　小安是班级里的一名普通女生，平时表现挺好，成绩基本稳定在班级前十名左右。有一次周末休息，她妈妈打电话给我，要给孩子请两天假，说是孩子身体不舒服。周二上午，小安回到了学校，作为班主任，我找小安了解她的身体情况。小安很淡然地表示没什么问题，就是头痛。第二天晚自习，小安主动找到了我，跟我说明了请假的原因，并且跟我聊了很长时间，我才全面地了解了她的家庭情况。

　　初二时，小安的父母离异，她跟父亲一起生活。她父亲控制欲很强，在家里非常专制，不论是小安给妈妈打电话，还是小安的成绩没有进步，甚至是吃饭等日常的小事，都会激起他对小安的不满。这种行为让小安内心非常痛苦，中考时，小安发挥得很一般，没有考入重点高中，而这又愈发地刺激她父亲，讽刺、挖苦。高一时，小安走读，成绩步步后退。高二进入我班后，小安开始住校，成绩才有了起色。周末时，我邀请小安的父亲到校交流，并对他提出了建议，希望他适当地给予小安成长的空间，多和女儿交流，而不是强制。不论他是否能做到，至少做出了口头的承诺。同时，我又进一步做好小安的心理疏导，并及时与专职心理老师、帮包老师对接，增加对她的心理帮扶和生活关注。根据心理老师的反馈，小安已经出现抑郁症，基本接近中度抑郁。经过一段时间的调节，小安的身心状态有了较好的改善。若不是小安及时找我沟通，她可能会一步步陷入更严重的内心冲突与矛盾，影响学业事小，甚至会影响她的健康。

　　许多从事家庭教育研究的心理专家，将家庭教育分为四种类型。第一种是民主型家庭教育。这是最好的家庭教育,有利于孩子的成长和探索的主动性。民主型家庭以理解、尊重、鼓励孩子为教育前提,孩子在和谐的家庭气氛中容易发挥自身的潜能。第二种是专制型家庭教育。一般表现为父母发话后,孩子必须回答"是",或者立刻承认错误,并改正,孩子不能有任何意见,不能发表任何看法,不能做任何解释。第三种是放任型家庭教育。一般就是家长不管孩子,孩子爱干吗干吗,只负责生养,不负责教育,更不会过问孩子的发展和成长。第四种是溺爱型家庭教育。凡是孩子的事情,不论孩子能否做到,家长都全部揽过去承担,凡是孩子想要的,不论是否合理,都尽全力满足。

小安的情况,实际就是典型的第二种专制型家庭教育。专制型家庭教育下的孩子,一般会有两种结果。一种是表面上孩子非常乖巧,特别听话,尤其是面对权威或上位者时,不敢或者不会表达自己的想法或看法,唯唯诺诺。这种孩子在成年后,往往很难做出突破和创新。还有一种相反的情况,就是当孩子进入青春期后,他会拼命反抗,进而进入极端的逆反状态,纯粹为反对而反对。小安应该是较为特殊的一种。高中之前,她畏惧权威,顺从权威,高中后,随着年龄的成长、知识的拓展和自我意识的不断强化,进入了一个极为矛盾的阶段:既畏惧权威,又想寻求自我。自小刻在内心的服从与自我成长、自我实现的冲突和矛盾不断加剧,最终使小安走进了抑郁的状态。

孩子在成长中有两条线,一条是道德与法制,一条是安全与健康。只要孩子守法律、有道德,保证安全,健康成长,那么何不给孩子以空间和时间,让孩子自己去尝试、去探索呢?

有些东西不是握得越紧就越安全,就像沙子,握得越紧就会越容易流失,所以有些事恰到好处是最好的。松开握紧沙子的手,你会发现整个沙滩都是你的。

莫要拔苗，静待花开

山东省平度经济开发区高级中学　王绍坤

　　琪琪是我们班的一名女生，户口在平度，但父母都在黄岛区工作，家也安在黄岛。她从小学开始就在老家的村里上学，一直到考入我们高中。

　　其实，琪琪在学习上还是有一定自律性的。在选课走班时，她进入了我所带的班级。入班成绩不是特别突出，班级前十名左右。在高一下学期期末考试中，她考了班级第一名，进步很大，超出重点线几十分。

　　高二上学期开学到国庆节的这段时间里，一个月，就发现了她几次在课堂上睡觉，自习课上走神。国庆节之后，级部组织了阶段性检测，她的成绩果不其然地出现了倒退，考了班里第九名。于是，我找她谈话，想了解下原因。琪琪只是说自己的状态调整不好，并保证期中检测进入班级前三。我向来对有自律性的学生是持包容态度的，对她予以鼓励，让她努力争取进步。

　　11月份全市组织了期中考试，结果出乎我的意料。琪琪的成绩出现了大幅度下降，已经退出班级前20名了，比本科线高了没多少。我开始回顾开学以来她的表现：国庆节前，出现过睡觉、走神。月考找她谈过后，课堂睡觉基本没有了，但课堂走神非常严重。

　　于是我开始分析可能出现的原因，早恋、手机、课外书、宿舍纪律等，一一得到排除。那么，到底是什么原因呢？一天晚自习，我把她叫了出来，在教室外的走廊上，我就静静地看着她，一分多钟，一句话也没说。琪琪可能很害怕，头低得很厉害。我告诉她，成绩不理想，但是，不是早恋、手机、课外书等原因，不必害怕，还告诉她，我猜是家庭出了问题。当我说出家庭原因时，琪琪的眼泪哗哗地流了下来,啜泣的声音验证了我的猜测。

为了顾全她的自尊,我把她带回了值班办公室,和她进行了一次虽然很短但是很高效的谈话。琪琪几句话就说明了学习状态变差和成绩下降的原因——琪琪妈妈给予了超大的压力。

高一期末考试后的优异成绩,使琪琪妈妈看到了极高的希望,为了让女儿考得更好,她在暑假里给她报了6科网课,费用近2万元。每个大休的周末,从到家到离家的不足24个小时的时间里,琪琪还要上8个小时左右的网课——从上午10点,到晚上10点。用琪琪的话说,"感受不到温暖,看不到希望"。我跟琪琪说:"跟家长的意见不统一,由我帮你解决,在课堂上的学习,由你去努力。"我让琪琪回教室后,接着我就给她妈妈打了电话,与琪琪妈妈交流了将近半个小时,以保证琪琪期末进重点线为条件,说服了琪琪妈妈退掉网课,并保证不再逼迫孩子学习。

此后到期末这段时间,琪琪的课堂学习效果逐渐好转,多次测试成绩稳步上升,后期与她交流,她也说妈妈不再逼迫她学习,而是给她更多的生活上的关怀。高二上学期期末考试时,琪琪考了班级第9名,超过重点线十几分。当然这不是重要的,重要的是琪琪重新找回了学习的自信和学习的主动性,也找回了家的温暖。

之所以我要把琪琪的案例说清楚,是因为我想说,莫要拔苗,静待花开。教育是人的灵魂的教育,通过教育,要使具有天资的人自己选择和决定去成为什么样的人,去把握自己安身立命的本领。很多父母都会把这样一种观点灌输给孩子:"将来想住大房子,想开好车子,就要好好学习""不好好学习,就会像XX那样,一辈子窝囊""这点东西都学不好,你将来能干什么"。父母不断地把自身的焦虑情绪和对不确定的未来的期望,强加到孩子身上,看似是对孩子的爱和关心,实则是家长还没有成为成熟的家长,或者说是盲目浮躁的家长。这样看似督促了孩子成长,让孩子向人生的赢家进发,实则扼杀了孩子对未来的憧憬和希望,让孩子厌恶了成长。

十年树木,百年树人。孩子不是一天养大的,教育不是一天完成的。拔苗助长,适得其反。对待孩子的成长,父母更应该遵循教育的规律,不要急于求成,只要孩子是在朝着正确的方向努力前进,那么家长也应该在一旁静静等待,少一些浮躁,少一些功利,多看看孩子有没有养成良好的习惯,有没有养成良好的品格。

教育家叶圣陶曾经说:"教育是农业,而不是工业。"所以,希望家长朋友们莫要拔苗助长,坐下来,静待花开。

一丛野菊花

山东省青岛第六十七中学　盛盈盈

　　校园的秋风翻动安闲的黄叶,悄悄地落在了杂草上,葳蕤之间,一丛野菊静静开放。就是这样一块小小的野草地,一丛低调而又艳丽的野菊花,拖住了我的脚步。一种莫名的亲切和感动,正慢慢地向我袭来。

　　那种莫名的亲切和感动,让我想起我当班主任带的第一个班——2015级高二(11)班。我曾对他们说,对于学校和老师而言,高二(11)班可以有很多届,唯有2015级高二(11)班是真正属于我们的名字。新班成立,我看到了他们眼神中闪现的陌生、焦虑、傲慢甚至冷漠,于是就有了让我记忆深刻的那一节主题班会课——面对一丛野菊花而怦然心动。泰戈尔曾说过:"我们要培养学生面对一丛野菊花而怦然心动的情怀。"我想利用一个故事、一份情怀、一份尊重、一个希望让他们成长在美好、宽容、自信的阳光下,带着一颗初心努力成为一个有价值的人。我也知道一节班会课的影响和感染是暂时的,我要把自己变成那株杂草丛中执着、自信、阳光的野菊花,去引导感染他们每一个不同的个体。

　　有一个男孩,初次印象是他正在跟一位老师激烈地争吵对抗中,具体原因大概是因为这个男孩在跟老师争辩时说了脏话。或许其中真的有误会,但是男孩的表达方式和说话语气的确是不尊重的。那位老师非常生气,严肃警告他说,如果分班落在他手里,一定好好整治他。后来男孩虽然知趣地妥协了,眼神中却充满了不服气。我相信对于男孩来说心中也会留下一个阴影,或许更多的是委屈和不解。对于这件事情当时我没有多想,就感觉这个男孩性格有点冲动和倔强。

后来高二分班，他被分到了我的班级，我一眼认出了他，心中涌现出一丝的庆幸和迷茫，庆幸的是他没有分到那位老师的班里，迷茫的是我又该如何来引导这样的孩子。回头再想当时的事情，站在男孩的立场上，我知道或许只是孩子的稚嫩和年少的冲动，并不存在恶意的顶撞。我观察了他一段时间，发现他在班里没什么朋友，不少同学表示他说话让人难以接受，又看了他的成绩，整体还不错，唯有一门数学差到离谱。我打算让他当数学课代表，并在数学老师婉拒的言辞中让他坚持下来了。或许他内心有惊讶，有不解，但最终他都化作了动力，数学成绩竟然一步一个台阶地提高了。由于其他科目成绩优异，在级部的总成绩排名也在不断提升。同时发生变化的还有他孤僻的性格和木讷的表情，还记得他总在周记里面说和同学们的关系越来越融洽，还记得他越来越积极地回答提问，还记得他经常"傻笑"时露出的大白牙……

当然，一个人的成长和变化并不是一朝一夕的，性格中的执拗和言语的表达依然是他很大的问题。记得有一次来办公室问我问题，坐在旁边的是我非常尊敬的师父，也是之前教过他的老师。我师父语重心长地对他鼓励教导了几句话，我觉得师父说得非常中肯和真诚，但他却冷笑着回了一句："我就这样，我做不到。"此时我心中的怒气已经在翻涌，但我内心深处依然对自己说，相信他的本心不是这样，他只是不会表达。我把他叫到一个没有人的屋子压住内心的怒火，平和地对他说："我相信你能理解每位老师的用心，我相信你能做得更好，不要用冷漠的言语来伪装自己，做最真实的自己。"看到他的表情一下子由冷笑到严肃，仿佛被人突然揭下了面具，我知道我说到了他的内心深处，脸上的严肃又转成了诚恳，并深深地点了点头，那是我第一次在他脸上看到真诚。后来我们成了朋友，再也没有冷漠的敷衍和无礼的话语，而是成绩一次次进步后毫不遮掩的喜悦和炫耀。虽然有些同学嫌弃甚至嫉妒他的炫耀，但我发现他身边的朋友越来越多。虽然后来我不再带他了，他依然在第一时间告诉我学业水平考试成绩拿到了 10 个 A；站在地理小博士论文一等奖领奖台上，对我打着666 的手势；校园里相遇时，依然露着大白牙对我"傻笑"……

当时刚刚走上教师岗位两年的我，对"教育"一词还懵懵懂懂，更不知道如何才是真正好的教育。朱永新老师曾说过："教育的真谛是帮助每个人成为他自己,帮助他实现自己的人生价值,把个人的独特性发挥到极致,从而为民族、为人类做出自己独特的贡献。"我曾认真阅读思考了这段文字好多遍。虽然还不能真正领会其中的真谛,这段文字却一直在班主任工作道路上指引着我。

掩卷深思,教师不就像扎根于教育土壤上的一丛野菊花吗?教师用自己的那份不卑不亢散发着教育的芬芳,为学生带来灵魂的高贵与思想的美丽,让每一个生命都能像野菊花一样绽放自己的阳光与自信,带着"面对着这丛野菊花,怦然心动"的情怀,成就一个有价值的人生。